季刊 考古学 第26号

特集 戦国考古学のイメージ

表紙デザイン・目次構成・カット
／サンクリエイト

一乗谷朝倉氏遺跡の発掘

福井市の東南約10kmの一乗谷には今から400年前に織田信長によって滅ぼされた戦国大名朝倉氏の館跡をはじめ，家臣の屋敷跡，寺院跡，商人や職人の町屋跡など，戦国時代城下町の跡がそっくりそのまま埋もれていた。20年におよぶ調査でおびただしい量の遺構や遺物が出土し，一乗谷に住んでいた当時の人々のくらしぶりを如実に復元することが可能となった。

朝倉義景館跡

義景夫人小少将の住まいした諏訪館跡の庭園

復元された武家屋敷

将棋の駒

構成／水野和雄　写真提供／福井県立朝倉氏遺跡資料館

食器いろいろ

大坂城の発掘

大坂城とその周辺の地下から，豊臣時代に築造された石垣が出土している。石積みの特長はいずれも野面積みで，現在の大阪城に見られる徳川再築の石垣にある切石を使った切り込みはぎの手法や，巨石を使った石垣とは様相を異にしている。

構　成／長山雅一
写真提供／大阪市文化財協会

本丸詰の丸石垣（本丸地下で発見された石垣。６ｍの高さが残っており，隅石に古代の礎石を転用している）

二の丸石垣（大阪城公園の南地区で発見された石垣で，現地表下８ｍのところにある素掘りの堀の下部に設けられた石垣）

三の丸石垣（同公園東地区で発見。高さ２ｍ，延30ｍ。堀底に破却された石垣石の転落が目立つ）

三の丸石垣と堀跡（東区法円坂町で発見。手前の石垣はよく残ったところで1.5ｍ，延長20ｍ。石垣から西へ傾斜して素掘りの堀に到る）

三の丸石垣（法円坂町で発見。南北７ｍ，東西２ｍの隅の分にあたるが，石垣はここのみで両側は土塁になっている）

浪岡城の発掘

15世紀後半に浪岡北畠氏が拠を構えた青森県の浪岡城は昭和52年から続けられている発掘調査の結果，扇状地辺縁の丘陵を単純に堀で区割しただけの平場連立形態の構造をもち，戦国城下町の要件を整えた計画都市であることがわかった。検出された遺構には掘立柱建物跡，礎石建物跡，井戸跡や堀跡，土塁跡，門跡などがあり，多くの陶磁器や銅製品，銭貨なども出土した。

構　成／工藤清泰
写真提供／浪岡町教育委員会

▲**北館と西館間の堀跡調査**（中土塁を挟む二重堀の状況と水量調整の水口を検出）

◀**内館検出の礎石状建物跡**（７間×４間の規模で六間２室，九間１室の部屋割りがある）

▲**出土した陶磁器**（日本製より海外製の量が多く，発掘個所によって異なる）

▼**出土した銅製品**（菊花双雀文鏡２面，五鈷杵，鐔，笄，火縄鋏，分銅，飾り金具など）

堺環濠都市の発掘

「黄金の日々」で知られる堺環濠都市遺跡の発掘調査は約10年を経過し，住居・蔵・堀・墓跡などが検出された。とりわけ幾層もの焼土層の堆積は堺の火災を物語り，それらの層から出土した多数の内外陶磁器類は当時の国内および明・東南アジア・李氏朝鮮とのさかんな交易がしのばれよう。

構　成／石田　修

写真提供／堺市立埋蔵文化財センター

建物跡　天正10年（1582）以後元和元年（1615）までと考えられる茶座敷を持つ数寄屋建物は東壁が外側に崩壊している。

土層堆積　天文元年（1532）から大坂夏の陣（1615）まで計5枚の焼土層がみられる。

堀　「ベニスの如き町」堺では市内の各所で内堀を検出するが，天正13年（1585）銘木簡を出土したこの堀は石垣により堀幅が縮小されている。

出土遺物　遣明船の入港（1467）により京都の外港としての地位を確保し，物資・人々の交流が盛んとなる。

現在の堺　現在に残る江戸期の堀（東西 1 km 南北 3 km）より小さい堀が戦国期に巡っていた

八王子城の発掘

八王子城は天正18年に落城した後北条氏の支城である。城主の居館跡と見られる御主殿入口部を発掘した結果，虎口の構造を明らかにすることができた。石敷の通路は３ヵ所の階段と２ヵ所の踊場から構成されており，その両側には土塁を支える石垣が築かれている。御主殿内部では，大型の礎石建物跡を確認することができた。

構　成／新藤康夫

写真提供／八王子市教育委員会

御主殿虎口中段の階段と踊場

両側は石垣と土塁がよく残っている。上方で左側へ曲がり御主殿へ至る。

御主殿内部（東から）礎石建物跡は右側へ続く。

橋台部の石垣

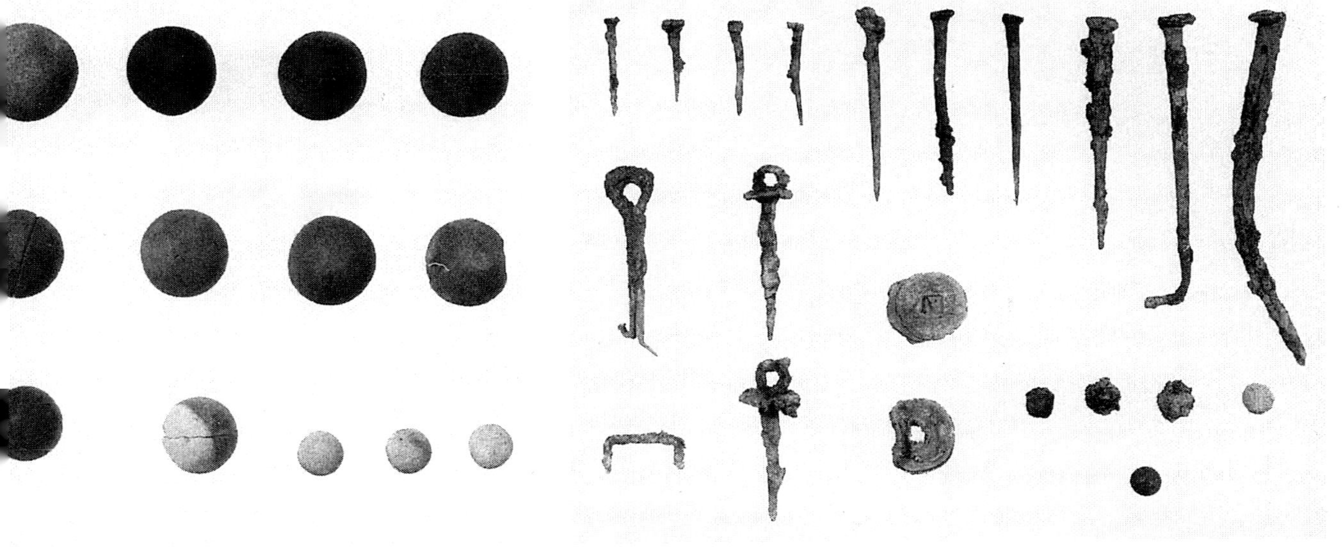

出土した土弾

出土した金属製品　釘・銅銭・鉄砲玉など

根来寺の発掘

和歌山県岩出町にある中世根来寺の遺構密度はきわめて高く，現在田畑となっている山内の地にはすべてこのような遺構が眠っていると言っても過言ではない。また，井戸・溝など遺構の大部分は石（和泉砂岩）を用いて構築されていることが大きな特徴であり，板碑などは本来の用途ではなく，井戸の蓋，石段などに転用されたかたちで出土することが多い。

構　成／村田　弘
写真提供／和歌山県教育委員会

平地の寺院跡　規模が大きく客坊的性格をもった寺院と考えられる。

埋甕遺構　備前の大甕を複数埋設した貯蔵施設

半地下式倉庫跡　建物の床を掘り抜いた倉庫で，甕が埋設されている例が多い。

板碑によって蓋された井戸　板碑は井戸の廃絶に際し架構状態での出土が多い。

道路跡　道に沿って側溝や石垣がある。

戦国時代の信仰

構　成／藤澤典彦

1 弥谷寺(香川県三豊郡)磨崖五輪塔
鎌倉時代の五輪塔や石仏が境内の崖一面に彫られている。五輪塔は２基一組になっているものが多く，夫婦の供養塔かと考えられる。水輪・地輪部に穴が穿たれており，塗り込める形で納骨されたと考えられる。

2 香川家墓地出土五輪塔群
本堂の西に埋もれていたものを掘り出して，現在位置に集めたもの。磨崖五輪塔に続く時期から室町末期までの五輪塔が多い。

3 井上氏墓所(長野県須坂市)石塔群
井上氏の館跡近辺から出土した石塔を集めたもの。室町時代から戦国時代の宝篋印塔・五輪塔がみられる。

4 輿山墓地往生院
この建物の中に鎌倉時代末期の五輪塔がある。この場所は行基の墓地であるとの伝承があり，この五輪塔は行基の供養塔であるとともに輿山墓地の総供養塔である。右端に見られる宝篋印塔には正元元年（1259）の銘文が見られる。この墓地の初期の総供養塔と考えられる。

5 称名寺(奈良市)五輪塔
地輪下辺中央に小さな穴が穿たれている。納骨のための穴で，ここから下に遺骨を落し込んだ。鎌倉時代後半から南北朝時代にかけての総供養塔にはこのような穴の穿たれたものが多くみられる。

戦国時代の渡来銭

平安時代の後半頃から大量に輸入された渡来銭は，室町時代には日本国中に銭貨が満ちあふれる状態になった。しかし，そのような状況のなかから多量の私鋳銭の出現や削銭などによって貨幣経済は混乱の様相を呈し，各地の戦国大名は撰銭令を発布して正常化をはかったが，出土銭からみる限りその効果は大きくなかった。

構　成／是光吉基

写真提供／

八戸市教育委員会・隠岐島後教育委員会

広島県草戸千軒町遺跡調査研究所

青森県根城跡本丸の掘立柱建物跡底面の渡来銭出土状況

根城跡本丸出土の渡来銭（開元通宝・永楽通宝・無名銭ほか）

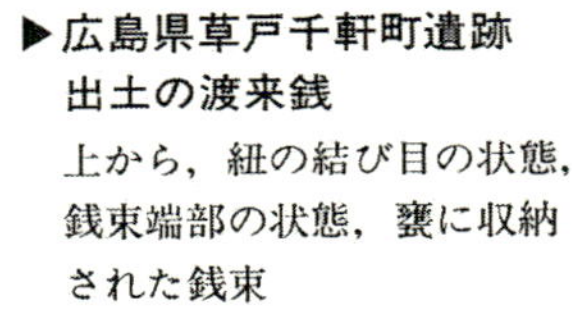

▶広島県草戸千軒町遺跡出土の渡来銭

上から，紐の結び目の状態，銭束端部の状態，甕に収納された銭束

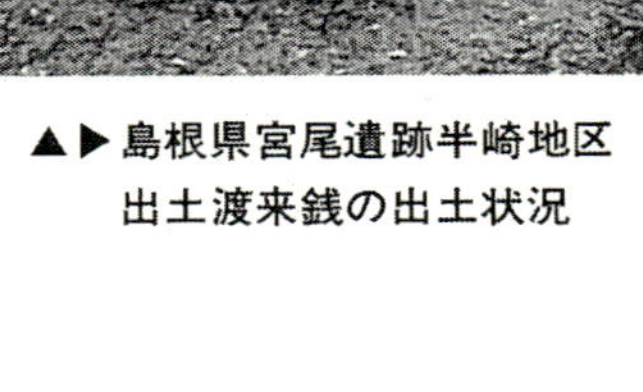

▲▶島根県宮尾遺跡半崎地区出土渡来銭の出土状況

季刊 考古学

特集

戦国考古学のイメージ

戦国考古学の構想

立正大学教授　坂詰秀一
（さかづめ・ひでいち）

中世考古学の一分野である戦国考古学の対象は多岐にわたっているが，それらをすべて把握し正しく位置づける方法が望まれる

1　戦国時代とその実像の検討

15世紀の中頃より16世紀の後半にかけてのわが国は，戦国時代とも呼称されているように戦乱の渦中にあった。戦国時代とは，改めて説くまでもなく，元来，中国・周代の威烈王の世より秦の始皇帝による統一までの間の動乱の時代を指した時代区分であるが，それに倣って日本の戦乱期をかく称している。

わが国における戦国時代の時間的範囲については諸説あり必ずしも一定していない。応仁の乱の勃発(1467)をもって戦国時代の幕開けとする説，将軍足利義尚（よしひさ）の死(1489)をもって戦国の世となると言う説は，戦国時代の上限を規定する考え方であり，一方，足利義昭（よしあき）が信長に奉じられて入洛した年(1568)をもって戦国の世の終息とする説，足利将軍家の滅亡の年(1573)をもって戦国時代の終末とする見解は，戦国時代の下限の拠所を考えたものであった。このほかにも多くの見解が公けにされてはいるが，大勢として1400年代の中頃より1500年代の後半にかけての間を戦国時代として把握しているのである。

かかる戦国時代は，日本の歴史の展開上，多くの点においてエポックメーキングな時代であった。戦国大名による都市の形成は，自己の領地内における検地の実施，鉱山の開発，商工業の発達，さらには交通路の整備ともども前代と比較して飛躍的な進展ぶりが看取される。それは，城館の構築，武器の改良と量産面にも具体的に示されている。

かねてより，戦国時代の実像は，文献史学の立場より鋭意究明され，鮮明な歴史像としてわれわれに映じてきた。しかし，それは必ずしも万能ではなかった。その顕著な事例を信長の叡山焼打ちの実相によって知ることをえたのである。

元亀2年(1571)，織田信長の比叡山延暦寺攻撃は，根本中堂・大講堂をはじめ一山の堂宇を灰燼化せしめて，ときの宗教的権威を壊滅させた事件として史上に著名であったが，三塔各所の発掘調査の結果は，元亀の時期にはすでに山上に多くの堂宇がなく，その時点に存在していた根本中堂と大講堂の焼亡のみが確認されたにとどまったのである。信長による叡山攻撃は，元亀当時において延暦寺の象徴でもあった東塔の二つの中心堂宇を炎上せしめたものであり，一山全堂宇(四，五百余の堂舎)をすべて灰燼に帰したものではなく，攻撃の実際は，叡山の山下の坂本において行なわれたものであったことが明らかにされたのである。以上のごとく兼康保明氏によって分明にされた考古学的調査による比叡山焼打ちの実像は，従来のイメージを打破するところとなった。

それは，現在の戦国時代の実像を考古学の方法によって再検討することが必要であることを示すところとなったのである。

2　歴史考古学と戦国時代

かつての考古学は，先史・原史・有史(歴史)とする時代区分説に見られるように「史」(文献＝文字)の有無をメルクマールとして理解されてきた。研究の主対象時代は，先史時代であり原史時代であって，有史(歴史)時代はごく一部の分野が添え物的に位置づけられてきていたに過ぎなかった。

現在でこそ「考古学は，人類がその過去の全期間を通じて残した遺跡・遺物を対象として，人類の過去を研究する学問」（江上波夫氏）と言われているが，それは，40余年以前に浜田耕作氏が「考古学は，過去人類の物質的遺物（に拠り人類の過去）を研究するの学なり」（『通論考古学』1922）と規定された定義と同一のものであり，決して最近における主張ではないのである。浜田氏によって説かれた考古学の常識的定義はその後も変わることなく現在に引き継がれてきている。ただ，現実的には，日本の考古学は，文献存在以前の研究を主とする方向が長く続いていた。

歴史時代の研究が本格的に開始されたのはごく最近のことであり，それは古代にはじまり，中世にいたり，近代そして現代にまで及んできている。しかし，その揺籃を訪ねると注目すべき見解が提示されていたことを知るのである。1889年，鳥居邦太郎氏は『日本考古提要』を公けにし「有史考古学トハ事実的歴史ノ成存セル以後ノ考古学」であり「当時ノ考古学ハ尚ホ一層事実を確カメンカ為メに或ハ河内千早の城趾若クハ鎌倉ノ神社佛閣等に就キ実地ヲ考フルモノトス」と主張したが，これは中世の城跡を考古学の立場より研究の対象とすべし，と言う最初の提言であった。

ついで1928年に石野瑛氏が『考古要覧』において「考古学は主として遺跡や遺物によつて過去の文化を研究するもの」であり，研究の対象は「直接或は間接に拘らず人類生活の凡ての痕跡」にわたり，「其の範囲は人類出現以来現代にまで及ぶべき」であると主張し，歴史時代を「文献記録の存する時代」と規定し「先史時代前期—石器時代」「先史時代後期—古墳時代」と対応させた見解を表明した。そして歴史時代の研究対象を次のごとく例示したのである。「1皇室関係（都城趾・宮趾など）2政治軍事関係（都市・国郡庁趾・古城趾・城砦・防塁・古戦場）3祭祀信仰関係（古社寺・経塚など）4学芸教育関係（聖廟など）5社会事業関係（薬園趾・悲田院趾など）6商工業関係（市場趾・窯跡趾など）7交通土木関係（古関趾・一里塚・通路・橋梁・堤防など）8外交関係（外国及び外国人関係の史跡）9其の他（旧宅・苑池・井泉・記念碑・墳墓など）10重要伝説地」。また，このほか「物具」として「器具・器物を用途の上より二十類に別つ」て列記した。この石野見解は，歴史時代の考古学において対象とすべき遺跡さらには遺物に対する注意を喚起したものとして注目されるであろう。

1930年には佐藤虎雄氏によって『日本考古学』が著わされ，「考古学はいつも補助的のものではない。古代のみでなく中世・近世にあつてもその大部分は考古学によらなければ分らぬことがある」との観点より，歴史時代の研究対象として「墳墓・建築物（含瓦）・石仏・金石文・陶磁器・漆器・鋳銭と古趾・宮殿趾・神社・廃寺趾・経塚・邸宅址・井泉址・城郭・一里塚」などを挙げたのである。武相の地域史研究を推進していた石野氏，文献史学者の佐藤氏のかかる見解については，考古学界にあって重視されてはいないが，現在的視点より見て学史的に評価さるべきものであろう。

それに対して，日本考古学の研究を主導していた後藤守一氏が1937年に公けにした『日本歴史考古学』は，以後における歴史時代の考古学研究に一つの拠所をあたえることになった。後藤氏が列挙した研究対象は，服飾・武装と武器・住宅と聚落・調度・銭貨・美術工芸・神社・仏教・墳墓に及ぶ浩瀚な内容を有するものであり，以後における歴史時代考古学の主対象となっていったのである。そこにおいて歴史時代を「物質的遺物と伴うて文献的資料も豊富」な時代とし，その特質として，(1)伝世品の存在すること，(2)分科的研究の必要なこと，(3)紀年銘などの銘文研究が重要なこと，(4)文献的資料の理解と駆使が要求されること，の4点を指摘したのである。

このような後藤氏の見解は，1956年に刊行された石母田正氏との共編『日本考古学講座』第6・7巻歴史時代（古代）（中・近世）に引き継がれていく。

現在，歴史時代の考古学は，以上のごとき諸先学の見解に立脚して細分科の傾向を示している。時間的に古典古代・中世・近世・近代の各考古学，分野別に神道・仏教などの個別考古学の研究が試みられ，長い伝統を有する仏教考古学の研究にも新しい視角が提起されつつある。

近年とくに注目されている分野は中世考古学であり，文献史学の成果と一体化することによって新たなる中世史の構築を目指していると言えるであろう。

1981年に「戦国考古学の成果」[1]と題して戦国時代における考古学的調査の近況について触れ，ついで1983年に「戦国考古学とはなにか」[2]を執筆した私は，歴史時代における個別考古学の一分野として“戦国考古学”の設定を考えている。

その後，戦国時代における遺跡の考古学的調査は累増し，城館跡をはじめとして戦国都市の調査をも試みられるようになってきた。中世遺跡の調査として普遍性をもっていた生産関係遺跡あるいは墳墓に関する研究も引き続いて実施され，各地出土の渡来銭の分析にも新局面が展開されている。また，中世遺跡より木簡などの木製品が検出され，出土文字の認識も可能となってきたのである。

これらの動向のなかでも，とくに顕著な展開は戦国城館跡に関する分野であり，そこでは城郭研究者・歴史地理学分野の研究者と考古学の研究者との活発な意見交換の場も設定され，個々の城館の築造された時点，その機能面の考察など多岐にわたる研究の整合と深まりがなされてきていることは，明日の戦国時代の実相認識にきわめて有用であると言えるであろう。そこには，戦国の世の象徴的な存在である城館の実態把握を通して，それぞれの地における戦国時代の具体相をトータルに知ることが出来ることを示している。

このように考えてくると，中世考古学の一分野でもある戦国考古学は，戦国時代を考古学の方法によってアプローチする個別考古学として理解されてくるであろう。

わが国の戦国時代が日本史上に占める特質的な面についてはすでに触れたところであるが，それを考古学の立場より研究を進めることによって，稔り多い文献史学の成果ともども新しい戦国時代相が構築されることを期待したいのである。

3　戦国考古学研究の一視角

戦国時代を象徴する遺跡は城館跡である。城館跡は，中世前半の居館的施設の時代的必然による構造体の変容であり，また，近世における城郭的施設の揺籃的機能面を有する遺跡として歴史的に把握される。ここにおいて城館として理解する施設は，平時における館と一朝有事に際しての防禦的機能をもつ城の二面性を有する構造体を連想するものであり，さらに，館と城との空間的分離存在の例をも包括して考えることによって戦国の世における城館のあり方が想起されてくる。このような二つの型の戦国城館は，そこを中核として都市形成がなされている。家臣団の屋敷，手工業者の居住，信仰施設の存在などをあわせ同一空間内に位置せしめている戦国都市の型は，商業都市としての機能をもつ型の都市構成と並んで戦国時代における都市の特徴的な型として理解される。一方，都市の外延的存在でもある農・漁・鉱業などを主なる生業とする集落のあり方に対する認識も同様に必要であることは言うまでもない。

かかる広義の戦国都市に対する考古学的調査は，各地の戦国大名の居住域において試みられはじめている。城郭研究者による城館跡の現状観察にもとづく調査の成果は，その本来的機能の把握を念頭においての研究視角を有するものであり，その意義は高く評価される。それに対して発掘調査を基盤とする考古学研究者の城館跡調査の視点は，城館の構築時点における状態とその後の形成過程をも個別実証的に明らかにする方向性をもっている。そこにおいては，表面的調査を超えて多くの知見を得ることが出来るのであり，遺跡としての城館跡把握が可能となってくる。城郭研究者と考古学研究者との協同調査が期待されるゆえんはまさにこの点に在すると言えよう。それに加えて文献資料の探策と研究，さらには絵画（絵巻）資料の活用によって，戦国時代のイメージを鮮明に把握することが出来るのである。

以上，戦国考古学の主テーマの一である城館跡と都市についての研究視角の一端についてごく一般論的に触れてきたが，舶載陶磁器など出土遺物の検討によってさらなるイメージの深まりとなって顕現されてくることは言うまでもない。

要するに戦国時代の実態をより明らかにする方法の一つとして“戦国考古学”の視点を定めることは有用であると判断されるのである。

戦国考古学において対象とされる資料は多岐にわたっている。いまそれについて逐一的に列記する余裕とてないが，戦国時代と言う時間内における物質的資料[3]のすべてを把握し，それを関連する分野の成果ともども歴史的に位置づける方法の確立がとくに望まれているのである。

註

1）拙稿「戦国考古学の成果」歴史と人物，116, 1981

2）拙稿「戦国考古学とはなにか」歴史と人物，141, 1983

3）古戦場の考古学的調査はとくに重要である。その研究の新しい方策の検討が期待される。

戦国考古学の視点

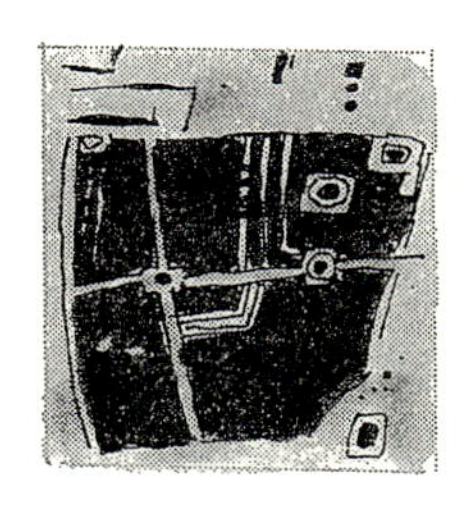

戦国考古学はどういった視点からとらえられなければならないだろうか。文献史学から，そして都市，城館の面から考えてみよう

戦国史研究における考古学の役割

静岡大学教授
小和田哲男
（おわだ・てつお）

戦国時代の考古学はまだ若い分野だが，その役割は大きいだけにこれまで文献史学が果たした成果を踏まえた発掘が要求されよう

元亀2年（1571）9月12日，織田信長は，軍勢を坂本から比叡山に攻めのぼらせ，堂塔坊舎ことごとくに火をかけ，僧俗男女3,000〜4,000人を斬りすてている。有名な，信長の叡山焼き討ちである。

『信長公記』といった後の叙述ではなく，山科言継の『言継卿記』や，『お湯殿の上の日記』といった同時代史料にその一部始終が描かれているため，これに疑いをさしはさむ者は一人もいなかったといってよい。前代未聞の大殺戮として，また，信長の性格を論ずる際にもよくひきあいに出される事件である。

ところが，近年，滋賀県教育委員会によって延暦寺の発掘調査が行なわれた結果，山上の建造物は，すでに元亀2年以前にほとんど朽ち果てていたという事実が明らかになったのである。焼き討ちにあったはずのところに焼土層がなく，また，出土した遺物の年代観からしても16世紀前半までにはほとんどが廃絶していたという。

文献史学が明らかにしてきた「史実」と，発掘調査によって浮き彫りになってきた「史実」と，これほど大きな食い違いが生ずる例は稀かもしれない。しかし，この例は，考古学的調査研究が，文献史学によって作りあげられてきた従来の通説を書きかえるという，一つの象徴的なできごとであったといえよう。

考古学が戦国時代にまで幅を広げてきたことにより，戦国史研究は新たな段階に突入したといっても過言ではない。

1　城館址の年代確定

戦国関係の発掘調査としては，寺院・宗教祭祀，集落・荘園，古窯跡をはじめとする産業遺跡などさまざまあるが，やはり群を抜いているのは城館址の発掘である。量的に発掘例がふえるとともに，比較研究が可能となり，新しい成果があげられるようになってきた。

一つには，陶磁器からの編年作業が急速に進んだことである。陶磁器の編年的研究が進んだため，発掘によって出土した陶磁器によって，城館の存続年代や主体年代（最盛期）がかなりの精度で明らかにされるようになったのである。

また，遺構のきりあい関係から年代が推定されるようになり，従来不明であった城館の存続年代が明らかになったという例は多い。それとともに，従来は南北朝期の城とされていたものが，遺物の年代観から戦国期の城であることが判明したり，早くに廃城となったと思われていたものが，その後も使用されていたことが明らかになるというケースもあった。ここでは具体例として一つだけあげておくことにしよう。

浜名湖の北に千頭峯城(せんどうがみねじょう)(静岡県引佐郡三ヶ日町摩訶耶城山)という南朝方の城がある。この城は大福寺所蔵の「瑠璃山年録残編裏書」に，暦応2年(1339)のこととして，「同十月卅日，千頭峯城追落畢」と記されており，北朝方の高師兼らによって攻め落されたことが明らかである。

その後，千頭峯城が利用されたことを示す史料はなく，暦応2年に廃城になったものとし，遺構も南北朝期のものと考えられてきた。ところが，昭和58年1月から2月にかけて発掘調査が行なわれ，陶器16点，磁器1点，土師器69点が出土し，とくに陶器は，天目茶碗・擂鉢などで，これが瀬戸大窯I期に相当するものであることが明らかとなったのである。瀬戸大窯I期は16世紀初頭に位置づけられるため，少なくとも，千頭峯城は戦国期にも再利用されたことが動かしがたいものとなった[1]。

これまでは，「南北朝期の城」ということで見すごされてきたが，あらためて「戦国期の城」という眼で遺構を見なおしたところ，戦国期の特徴を示す遺構が次つぎに姿をあらわしはじめたのである。城館の年代確定に考古学が大きな役割を果たした好例といえよう。

2　戦国合戦の実相

戦国時代は，それこそ文字通り，合戦が日常的だった異常な世界であったわけであるが，最近の研究により，信長・秀吉による兵農分離以前は，軍兵の圧倒的大多数は専業武士ではなく，大量動員された農民だったことが明らかにされてきた。専業武士対農民の比率は 1：9 ではないかとさえいわれている。

そして，10%の専業武士が男子であることは当然とし，90%を占める農民も全員が男子であるとする暗黙の了解があった。たとえば，小牧(こまき)・長久手(ながくて)の戦いのとき，徳川家康が駿河の郷村から農民の根こそぎ動員を命じた文書[2]があるが，それには，「十五をはしめ，六十をかきり」とあり，天正15年(1587)，後北条氏が郷村に農民の大量動員を命じた文書[3]には，「十五，七十を切而……」とあり，家康の場合には15歳から60歳まで，後北条氏の場合には15歳から70歳までの農民が徴発されている。

男子とか女子の区別が記されてはいないが，これら徴発された者は男子だと考えてきた。女子が合戦にかりだされるなどとは考えてもみなかったのである。各種の軍記物にも，軍勢の数は記すが，それに女子が含まれていたなどとは書かれているのを読んだためしがない。合戦図屛風をみても，戦っているのは男ばかりである。

ところが，考古学的知見によれば，合戦には女子もかりだされていたことが明らかである。これまでの，「合戦は成人男子がやっていた」という暗黙の了解は再検討が必要ということになる。

沼津市の千本松原に首塚があり，その調査が行なわれており，最低105体の遺体が発掘されている。調査にあたった鈴木尚氏によると，後北条氏と武田氏との戦いで戦死をした人を埋葬したものという。注目されるのは，男子と女子の比率が2対1，つまり，3人に1人は女子の骨だったという点である[4]。しかもそのうちの女子の頭蓋骨からは，逃げるところを後から銃撃されたことがわかるものもあった。女子も戦闘にまきこまれていたことは確実であり，この千本松原の戦いが特異な例というわけにはいかないと思われる。

合戦ではないが，城にとじこめられていた人質の女子が殺されたという例もある。東京都の葛西城(葛飾区青戸)は，昭和47年から発掘調査が進められており，昭和57年の調査のとき，堀底と土壙から人骨が数体出土しているが，そのうちの一つは若い女性のもので，頭蓋骨には，後頭部から刀で斬られた痕があった。

葛西城には，里見氏との戦いを前にして，後北条氏が家臣の妻子を人質に取っており[5]，何らかの事情で，それら妻子の一人が斬殺されたのかもしれない。とにかく，戦国時代は，男子だけでなく，女子にもつらく，きびしい時代であったことが明らかになってきたわけである。

戦国合戦というと，武具も重要なポイントになるが，刀や槍，旗指物や甲冑などは，それぞれ伝世品も多く，それなりに研究は進められてきた。消耗品である鉄砲玉も2匁5分玉とか3匁玉とか，それぞれの大きさごとの伝世品があり，あまり問題とされることもなかった。

ところが，各地の発掘調査現場から鉄砲玉が多数出土してくるにつれ，これまでの常識的理解はくつがえされることになったのである。一つは，鉄砲玉が鉛玉だけとは限らなかったという点で，もちろん，出土品を量的にみれば鉛玉が圧倒的に多いが，それ以外に，鉄玉・鉛青銅玉，さらには陶器玉なども発見されており，鉄砲玉イコール鉛玉というこれまでの理解は改めていかなければならない。

それともう一点注目されるのは，鉄砲玉の大きさがまちまちだという点である。3匁玉なら，ほぼ3匁であるが，大きいものもあれば小さいものもある。私などは，「火縄銃は一回撃てば筒の中が火薬でつまり，次第に小さい玉を使っていったからであろう」などと勝手な解釈をしていたわけであるが，どうやらそれは思いちがいだったようである。

当時の火縄銃は，銃口の大きさがそれぞれの鉄砲によって微妙にちがっており，鉄砲使用者は，それぞれ自分の鉄砲にあった玉型をもっていて，それで玉を作っていたと考えられるのである[6]。事実，東京都の八王子城址や福井県の一乗谷朝倉館址から鉄砲玉の鋳型や鉛棒など，鉄砲玉製造工程をうかがえる遺物が出土している。

3　生活・文化へのアプローチ

城館址の発掘調査が進むにつれて，おびただしい数の出土品が姿をあらわしたため，すでに述べたように，陶磁器の編年研究が急速に進んだが，それとともに，もう一つ大きな変化があらわれてきた。伝世品の少ない，当時の日常生活の様子を物語る品々が出土してきた点である。

刀や槍，甲冑などの高価な，そして貴重品と思われていたものとはちがい，ふだん日常的に使っていた椀だとか箸，折敷(おしき)などの食器，櫛や扇・下駄などの装身具・履物などをはじめ，人形(ひとがた)とか祈禱のための札など，それこそ，日常生活そのものを示す品々が出土してきたのである。これらの中には使い捨てになったものが多く，また，化粧道具一つをとってみても，著名な大名家の姫君とか奥方のものは彦根の井伊家などの伝世品のなかにみられるが，下級武士の人びとの生活ぶりをうかがうことのできる伝世品は皆無といってよかった。そうした，文献や伝世品では得られない，当時の生活，文化についての遺品が多く得られるようになったことの意義は大きく，戦国史，とくに民衆生活史の分野の研究を飛躍的に発展させることになった。

民衆生活史的な面でいえば，城館址の発掘だけではなく港であるとか都市の発掘なども大きな成果をあげてきており，福山市の草戸千軒遺跡の発掘や，島根県の月山城下の広瀬川の河原床遺跡から得られた日常生活用具などは，これまで絵画資料でしか知ることのできなかったような品々が，具体的な遺物として，手に取って研究ができるようになったわけで，この分野での研究に大きな役割を果たしているといえよう。

ただ，これは私の個人的な印象であるが，戦国期村落が掘り出されるというケースが意外と少なかったように思われる。戦国村落の跡地にまで開発行為の波がおよんでいないということも一因かもしれないが，それとともに，戦国村落がこれまで埋蔵文化財包含地として理解されてこなかった結果であろう。城館址の発掘だけではなく，戦国村落の発掘もなければ，トータルな戦国史の考古学的研究とはなりえない。

しかし，数が少ないとはいえ，戦国村落の発掘

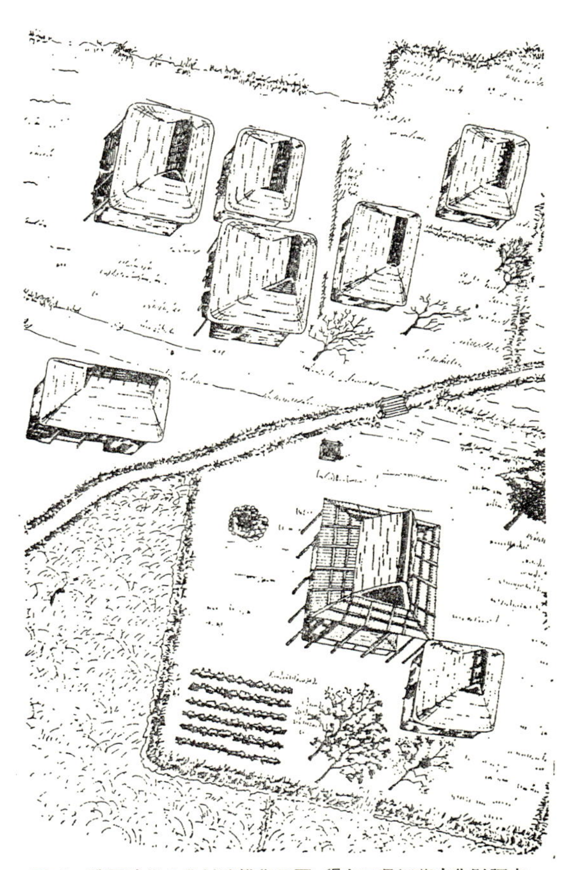

図１　戦国時代の農村遺構復元図（『山口県埋蔵文化財調査報告書』第53集　下右田遺跡第４次調査概報より）

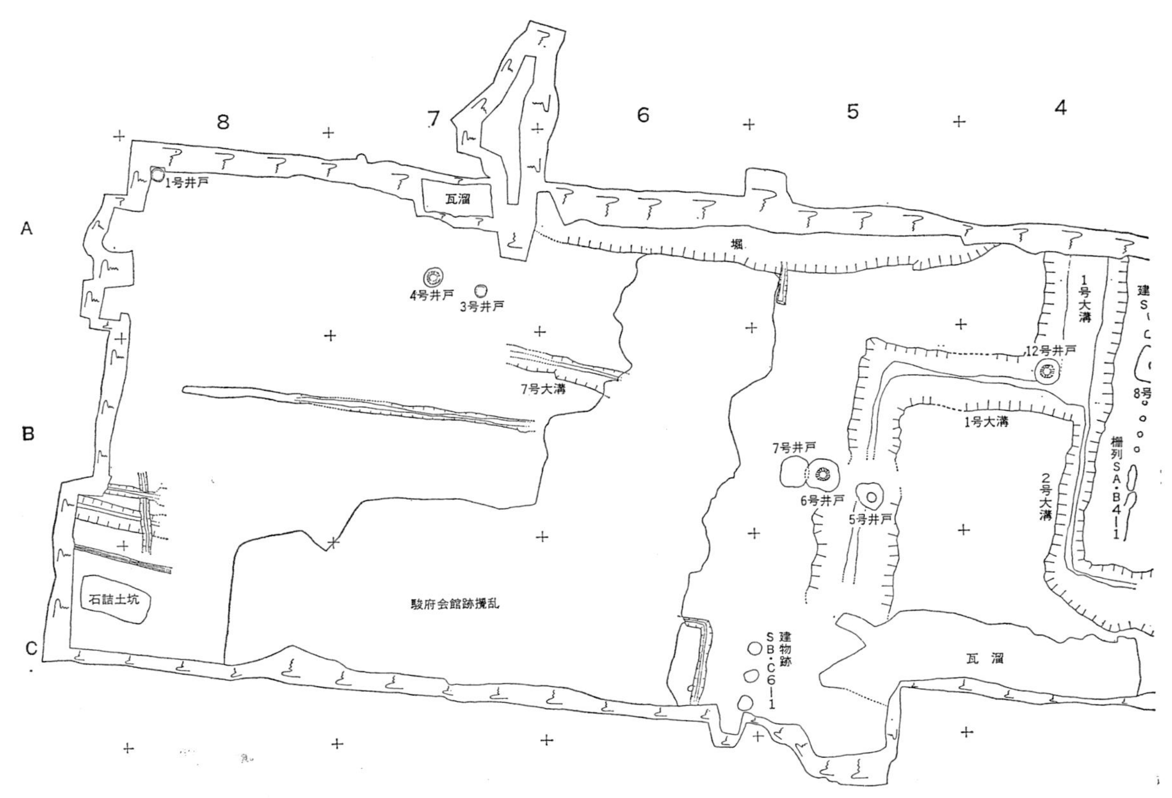

図 2　今川館とみられる遺構平面図（『静岡県文化財調査報告書』第37集　駿府城跡内埋蔵文化財発掘

調査がこれまで全くなされてこなかったわけではない。たとえば，山陽自動車道・防府バイパス建設にともなって，昭和54年度に発掘調査が行なわれた，山口県防府市下右田および高井の下右田遺跡は，弥生時代から戦国時代までの複合遺跡であるが，戦国期の農民の家がかなりの数掘り出されており[7]，戦国期の農民諸階層の解明と，農民生活の実態究明にとって，さまざまな材料を提供している。こうした例を今後さらに積み重ねていくことが必要である。

ところで，戦国城館址研究にとって厄介な問題の一つに，城・館・砦などの呼称の問題がある。これまで，城郭史研究の立場からは，近世軍学者の所説を援用するのがせいぜいであったが，考古学的立場から，出土遺物の有無，つまり，日常生活用品をともなっているような場合は，砦といわれてきたものでも，館と解すべきだという指摘がなされている[8]。城郭史研究に一石を投じたというべきだろう。

4　遺構・遺物のもつ重み

「このあたりにあったはずだが……」といわれながらも，地表面上は大きく改変され，かつての実態が全くうかがわれないというケースは多い。たとえば，京都の南蛮寺の場合，すでに今から60年も前に，南蛮寺の址は，京都の姥柳町，蛸薬師通の北側にあったという指摘がなされていた[9]。しかし，そこは人家が建ちならび，地下遺構を確かめることはできなかったのである。

ところが，昭和48年の春，その推定地が同志社大学文学部文化学科考古学研究室によって発掘調査され，礎石や，宣教師の姿を描いた線刻絵のある硯などが発掘され[10]，文献史学による推定地のところが，南蛮寺のあったところとして確定されたのである。

私が直接関係したところとしては，静岡市の今川館の例がある。ここも，現在の駿府公園，すなわち，近世の駿府城の一面に駿府今川館は埋もれていると考えられながら，確証となるようなものは一つもなく，「幻の今川館」などといわれてきた。

ところが，駿府城二の丸馬場跡に県立美術館が建てられるということになったとき，事前の遺構確認のための発掘調査が行なわれることになっ

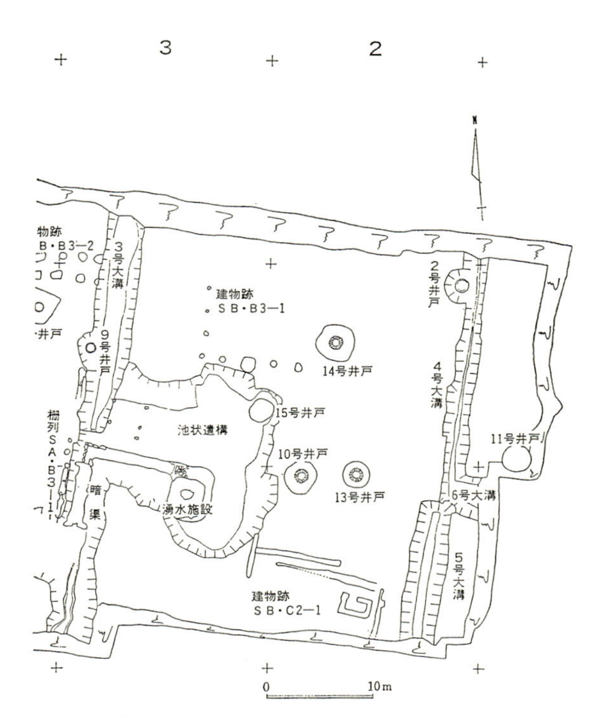

調査報告書より）

た。江戸時代のレベルは，馬場跡といわれる通り何もなかった。しかし，その下を掘ったところ戦国期の遺構・遺物が次つぎと姿をあらわしはじめ[11]，遺物の年代観から16世紀前半のころのものと判明した。

もちろん，県立美術館の建設用地ということで7,000 m^2 という限られた範囲の発掘調査だったため，そこが今川館の一部なのか，あるいは今川館のまわりに築かれた重臣屋敷の一部なのかを決めることはできなかったが，広い意味での今川館の一部と考えることはできる。結局，市民レベルの保存運動が盛り上がり，県立美術館は他に用地を求め，発掘調査地はいったん砂で埋められ，保存がはかられることになった。

そのほか，発掘調査によって，それまで城郭史研究者が描いていた縄張図（グランドプラン）の誤まりが明らかになったり，言葉として「堀障子」とか「障子堀」などと文献や地名として伝承されながら実際にはどのようなものかわからなかったものが，静岡県の山中城や長久保城，神奈川県の小田原城などの発掘調査によって具体的な形として姿をあらわしており[12]，これなどは，現状で目にすることができる畝堀はだいぶ埋まってしまっていたため，発掘調査によって，やっと本来の形が判明したといってもよい。

現状でははっきりしなかった二重の犬走りが，発掘調査によってはじめて明らかになったという例もある[13]。

5 おわりに

戦国時代の考古学は，まだ若い研究分野である[14]。縄文・弥生，さらには古墳時代のような蓄積というものがない。戦国時代を掘ることは，文字通り「手さぐり」といったところが実情である。

以上述べてきたように，戦国史研究において，考古学の果たす役割は大きい。それだけに，これまで文献史学が明らかにしてきた成果を踏まえた発掘調査というものが求められていることはいうまでもない。

註

1）三ヶ日町教育委員会『千頭峯城跡』1983
2）「原川文書」『静岡県史料』第３輯（798頁）
3）「小沢秀徳氏所蔵文書」ほか『神奈川県史』資料編古代中世３下（1125頁以下）
4）鈴木　尚「沼津千本松原の首塚」本，1988年８月号（35頁）
5）「古文書」二『神奈川県史』資料編古代中世３下（483頁）
6）三島市教育委員会『史跡　山中城跡』1985（272頁）
7）『山口県埋蔵文化財調査報告書』第53集　下右田遺跡第４次調査概報，1980
8）山本雅靖「友生谷中世城館小考―小地域における中世城館の地域間格差をめぐって―」信濃，38―3，1986（184頁）
9）柴謙太郎「京都南蛮寺の位置推定に依る二三史実の解明（その二）」歴史地理，52―5，1928
10）同志社大学文学部文化学科考古学研究室『京都市中京区姥柳町遺跡（南蛮寺跡）調査概報』1973
11）『静岡県文化財調査報告書』第37集，駿府城跡内埋蔵文化財発掘調査報告書，1983
12）拙稿「後北条氏築城技法の特色―いわゆる障子堀を中心に―」郷土神奈川，19，1986
13）堀之内大台城発掘調査団『堀之内大台城発掘調査報告書』1985
14）ここ10年間，急に戦国史関係の遺跡が発掘調査さるようになったことについては，静岡県下の事例を中心に紹介した拙稿「静岡県戦国城館址の考古学的研究」『静岡大学教育学部研究報告』人文・社会科学編37，1987，を参照されたい。

戦国時代城下町の諸相

福井県立朝倉氏遺跡資料館
■水野和雄
（みずの・かずお）

戦国時代にも城下町が実在し，その建設が計画的かつ大規模なものであったことは一乗谷朝倉氏遺跡の調査ではじめて明らかになった

1　都市の発掘

都市ですぐに思い浮かぶのは，建都1,200年の伝統をもつ日本の政治・経済の中心平安京であろう。しかし，この平安京も応仁の乱の大火によって，戦国時代はそのほとんどが田園と化していた。高橋康夫氏が『京都中世都市史研究』で明らかにしたように，堀や塀という「構」で囲繞された上京・下京２つの集落が，出入口を釘貫，櫓門によって防塞され，わずかに室町通という１本の南北道路によって連絡しているというような，公家と町衆の超過密化した変則的な都市構造であったようである。

平安京がこのような状況の中で，それでは日本では，他にどのような戦国都市が形成されていたのであろうか。博多や兵庫の津，堺環濠都市などの港町をはじめ，根来寺や山科，石山本願寺などの門前・寺内町，周防毛利氏，越後上杉氏，甲斐武田氏などの戦国大名が領国支配の拠点とした城下町などが上げられよう。最近では，戦国時代の都市の発掘も増加しつつあり，加えて鎌倉時代の諸都市や，安土・桃山時代以降の近世都市の発掘成果にもめざましいものがある。今後は，これらの資料を考古学的方法によって比較検討し，戦国諸都市の様相を多角的に解明していく作業が残されているといえよう。ここでは，福井県に所在する特別史跡一乗谷朝倉氏遺跡の20数年におよぶ発掘成果を中心に据え，越前の戦国大名朝倉氏が５代103年間にわたって構築した「戦国時代の城下町」の都市構造の一端について言及してみたいと思う。

2　バイパスの整備

平安京をはじめ，古代の国府，駅，中世鎌倉市街や滋賀県安土町観音寺城，敦賀市金ヶ崎城，南条町杣山城などは，古代からの北陸道や中山道など主要幹線道を眼下に見降ろす交通の要衝の地に位置しているのに対して，戦国時代になると朝倉氏は，北陸道と今庄町鯖波で枝わかれし，かつて越前守護であった斯波氏の拠った国府を通過しないで，東の山際を北上し，東大味で一乗谷城下町に至る大手道に接続する「朝倉街道」を普請したと考えられる。朝倉氏は，永正年間頃から北陸道はもとより，惣国道橋普請事業に着手したとみられているが，この朝倉街道も，この頃に整備されたようである。戦国時代には，近江の浅井氏も北国街道から小谷城下町へ「北国脇往還」というバイパスを，織田信長も，中山道から安土城下町へ「朝鮮人街道」をそれぞれ新しく普請しており，戦国大名の，城下町建設にかける意気込み，さらには道普請に対する思考の一端を知ることができる。

3　城下町の広がり

朝倉氏遺跡は，昭和42年の発掘開始時までは，暗く辺鄙な所にある「戦国村」であり，織田信長によって滅ぼされた一地方武士の廃墟のイメージで語られてきた。特別史跡に指定された昭和47年頃には，朝倉館跡を中心として，東山上の一乗谷城と西の御茸山，それに上・下城戸で防御された狭い谷の中に，家臣の屋敷や寺院が散在する「山下」あるいは「根小屋」と認識されるまでになった。昭和51年の瓢町の調査，53年の平井地区の調査では，道路遺構に面して整然と区画された町屋が相ついで発見されたことから，戦国時代にも城下町が実在し，その建設が計画的で，かつ大規模なものであったことが判明したのである。従来，松本豊寿氏などが地籍，古絵図，文献などの検討を通じて主張された「戦国期城下町」の実態が，ここ一乗谷の調査ではじめて明らかになった意義は，はかりしれないものがあるといえよう。

現在，延べ約７万m²におよぶ発掘調査の結果，一乗谷城下町の広がりについて，新しい見解も提出されるようになり，指定地拡大の声も出はじめつつある。その見解とは，昭和47年の特別史跡278ヘクタールという範囲からは，はるかに広範

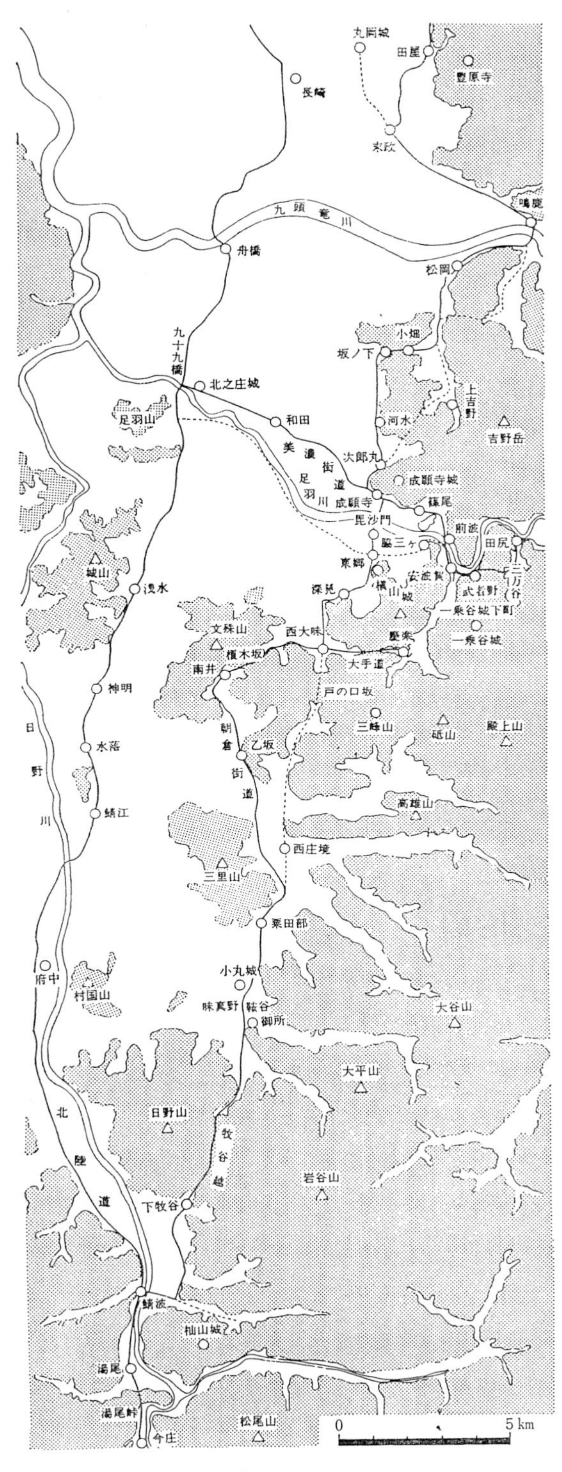

朝倉街道要図

(『朝倉氏遺跡資料館紀要　1987』より)

囲なものとなっており，東は一乗谷城（この城は朝倉氏の本城である。遺構を詳細に検討すれば，城下町側の防御は手薄で，東側は無数の竪堀によって防御されていることがわかる。このことから，この城でもって城下町の東の境と考えることができよう）の位置する一乗城山を，西は福井平野からの攻めに対して設けられた東郷槇山（まきやま）城で防御された朝倉街道を，北は成願寺（じょうがんじ）城を，南は三峰（みつみね）城をそれぞれ境とする東西約 4km，南北約 7km の範囲が考えられるようになったことである。さらに，この城下町の東北隅，武者野地籍では火葬場の跡が発見され，また，西南隅の慶楽地籍でも骨片が多く採取されるなど，一乗谷城下町の外辺に火葬場が経営されている実態も明らかになってきている。

4　戦国城下町の景観

昭和60年夏，朝倉氏遺跡資料館では，第51次発掘調査で，一塊の炭化した紙片を検出した。調査員の清田善樹（現在は岐阜教育大学勤務）のその後の追跡調査によって，中国金・元時代の医学書『湯液本草』の断簡であることが判明した（『朝倉氏遺跡資料館紀要　1987』）。この紙片の出土した屋敷は，東西道路遺構の南に位置した地口 14.5m，奥行 33.7m の敷地を有する中規模程度の屋敷で，土塀の西北隅には薬医門が開かれていた。敷地北辺には，建物と土塀との狭い空間に，砂利を敷き，所々に巨石を配した坪庭が作庭されていた。この屋敷から出土した青白磁梅瓶，青磁片口鉢，壺，香炉，乳鉢，盤，白磁皿などが，13・14世紀頃の古手の優品であったことから，骨董品の収集を趣味としていた「医者」の屋敷であることが想定できたのである。このように，遺構や遺物から屋敷の主の職種などが判明できる例は，ごく限られてはいるが，それでも徐々に明らかになってきている。まず，朝倉5代目城主義景（よしかげ）の館をはじめとして，当主に関連した館群，越前各地からこの一乗谷城下町に集住させられてきた家臣たちの武家屋敷群，寺院跡，さらには商人や職人たちが住いした町屋群などが，一乗谷の山や川ぎりぎりの所までぎっしりと建てられている様子は，『洛中洛外図屛風』に描かれた景観に優るとも劣らないものであったといえよう。

これらの屋敷や寺院，町屋は，一乗谷城下町の中を縦横に走る道路に面して整然と配置されている。道路は砂利敷で，幅員に4種類の規格のあったことが指摘されている。最大幅は 8.5m，最小幅は 1.5m のものであるが，大手道の石畳が 2m 幅であることや，武家屋敷の門幅に 3m のものが多く，山城へ登る道も 3m と考えられることから，「公道」としての最小の竿は 2〜3m の基準であったことが想定される。平行する道路と道路との距離を計測してみると 30・45・60・90・120m など，30m＝100 尺を 1 つの基準として都市が作られていることも判明してきている。さらに，道路は，所々に矩折や遠見遮断（直線道路のある地点でゆるやかな角度をつけることによって，遠くからは一望できないようになっていること），あるいはT字路という，道の機能そのものにとっては，不合理な，しかし防御面では必要不可欠な施設も出現しており，これらは近世城下町建設の際にも引き継がれていったものと思われる。

朝倉義景館跡は，三方を土塁と外濠で防御された敷地面積 5,600m² の館で，常御殿を中心に，主殿，会所，茶室，台所，厩，蔵など17棟の建物が，晴と褻を意識して配置されており，柱間寸法は，基本的には 6 尺 2 寸と 6 尺 2 寸 5 分のものが用いられていることも明らかとなった。この館は，さながら『洛中洛外図屏風』の細川管領邸とよく似たものであったとすることができよう。

武家屋敷跡は，平井地区で発掘調査の結果をもとに復元した武家屋敷を例にして述べると，計画的に縄張りされた区割りに従って土塁を巡らし，幅 3m の棟門を開く。中央には，主家，その北側には蔵をはじめ，納屋，井戸，便所などの日常生活空間が配されている。主家の北半分は，主人たちの寝所となる納戸，食事の仕度をする土間となっており，井戸や洗い場，囲炉裏などが設けられている。南半分には，6・10・8畳敷の 3 室が検出できた。柱は，台鉋で削られた，一辺 13.5cm 前後の桧材が用いられ，柱間寸法がかなり正確である所から，室内全面に畳が敷かれていたことが想定された。敷居も 3 本溝のものが出土していることから，舞良戸とよばれる引戸と明障子を併用していたことがわかる。主家の東南隅には，土塁との間に小さな築山の坪庭を配した 1 間半四方の茶室も建てられていたことが明らかとなっている。

寺院跡は，八地谷から北の山裾にかけて寺院が 5 つほど並んだ所がある。そのうちのサイゴー寺は，南北 30m，東西 45m の規模で土塁をもつ。敷地中央部には，南面する方丈の本堂が位置している。サイゴー寺の南隣りの寺院では，墓地と柿経の束，卒塔婆などが出土し，都市における市中寺院の様相が，具体的に明らかとなってきた。

町屋跡は，現在までに約200軒検出されている。平井地籍の町屋群を例にとれば，道に面して一辺 30m四方の縄張りを基準として，それを短冊形に 2×5軒の計10軒分に敷地割りしていることが判明している。1 軒は，地口 6m，奥行 15m の敷地が平均で，間口 2 間×奥行 3 間の妻入り屋根の建物が 1 棟建てられ，敷地奥の裏庭には，簡単な屋根構造の便所が設置されている。町屋を発掘していると，越前焼の大甕が10〜35個も建物内に所狭しと埋められている例や，水晶の数珠玉，その未製品，玉砥石などが出土する場合がある。このような例は非常に少ないが，それでも一乗谷城下町の中では，大甕をもつ紺屋あるいは油屋，酒屋をはじめ，数珠師，鋳物師，鍛冶師，鉄砲鍛冶師，桧物師，かわらけ作，左官などの職種が判明している。町屋に住いし，道に店棚を出して商いをする商人や，一日中，家の中のうす暗い土間で仕事に励む職人たちの当時の生活の一端をうかがい知る貴重な資料といえよう。

5　くらしの復元

万をくだらない人々が生活していたといわれる一乗谷の城下町からは，当時の生活用具のすべてが出土しているといっても過言ではない。日常使用された調理・貯蔵・食膳具などの多量の陶磁器をはじめ，暖房具，灯火具，化粧道具，履物，工具類，さらには茶の湯や生け花，聞香などに使用された座敷飾，硯や墨などの文房具，羽子板や賽子，黒漆書きの将棋の駒などの遊戯具，また鉄砲玉や冑の前立などの武器・武具類，3,000 体の石仏・石塔や12,000枚にもおよぶ柿経の束などの宗教遺物など，ありとあらゆる品々が 400 年の歳月を経て私たちの前に何かを訴えかけるかのように検出されている。私たちは，これらの遺構・遺物から，中世戦国期の民衆のくらしの諸相を明らかにするとともに，歴史学の中に，考古学的成果を正しく位置づける作業をこれからも続けていかなければならない。

戦国期城館研究の問題点

豊島区立郷土資料館
■橋口定志
（はしぐち・さだし）

考古学からの中世史研究は遺跡群としてのとらえ方が必要であるが，最も所在をとらえ易く，時代の特徴を示すものは城館である

「上椙左馬助宝徳二辛未歳，下国而長尾上野入道仁切腹，其子実景為他国，一国之動揺ナリ，此時誘鶏冠城，彼要害者大郎資持之後，曽祖父茂資為閇籠，其中間一百二年，今度房資再興スル者也享徳二癸酉，於子孫不可捨者也，」

（享徳3年4月28日「中条秀叟（房資）記録」）

越後国奥山荘の一角を拠点とする国人領主中条氏の当主房資の書き残した記録の一条に上記の記載がある。1423（応永30）年に勃発した越後一国争乱を経て三浦和田一族の惣領制崩壊の渦中にあった中条房資は，久しく使われていなかった鶏冠城を1453（享徳2）年に再興するとともに，それを「子孫は捨ててはいけない」と記したのである。15世紀半ばに至り，恒常的に機能する城郭を持つ必要性が越後中条氏において認識されることになったと言えよう。最近，この「中条秀叟（房資）記録」および1466（寛正7）年「真壁朝幹置文」の2例を取り上げた斉藤慎一氏は，「15世紀という時代は各地の在地領主たちが自己の本拠としてつねに維持される城郭（特に山城）の必要を認識した時代であった」とした[1)]。

中条・真壁両氏が恒常的な城郭を構える必要性を認識した15世紀後半の東国は，享徳の乱を中心とした戦乱の渦中にあった。「戦国城館」の時代は，まさにこのあたりから始まるのである。

しかし筆者は，戦国期城館を巡る研究自体が，個別的に独立して取り上げられるべきではないと考えている。そこで，本題に入る前に，中世城館研究全体にかかわる問題点について，まず私見を述べておきたい。

1 中世城館研究と考古学

考古学の立場からの歴史研究は，何よりも地域史研究がその出発点となる。そして，一定地域の詳細な遺跡分布調査に裏打ちされた発掘調査の成果が戦後考古学の内容を豊かで稔り多いものとしてきた事例を，わたくしたちは数多く知っている。だが，そうした成果の結実は，中世をその研究対象とする分野では，近年に至りようやくその力を発揮し始めたという段階にある。しかし，それは研究史的現段階の状況であり，決して考古学からの中世史研究が地域史研究の視座を放棄していたわけではない。

その意味でも「遺跡群研究」は，原始・古代のみならず，遺跡がさらに多様なあり方を示す中世にも敷衍されるべきである。一方，そうした中世遺跡群を形成する諸遺跡の中で，最もその所在を捉え易く，また時代の特徴を最も良く示している遺跡として城館がある。中世城館は，文献の残されていない地域においてもその存在意義を的確に評価していくことにより，その地域における中世史研究の核としての役割を担うことが可能となるだろう。同時に，城館の担った歴史的な役割についても，まず個々の地域の歴史に則して理解していくべきと考える。そうした認識の上に筆者自身も「地域史研究の軸として，中世城館研究の持つ意味を過少評価することは危険」であると指摘したことがある[2)]。

同時に，中世城館は「地域におけるある階級の他の階級に対する支配の拠点であり，その具体的な在り方を示す」とも述べた（前掲）。これは，各城館に残された諸遺構の様相が，その城館の構築主体者がどのような形で認識される「地域」をどのようにして把握しようとしたかという，最も土地と密着した部分でのあり方から政治史的評価に至るまでの多様な役割を含め，それを何らかの形で反映しているという見通しを述べたものである。つまり，戦闘状況下（もしくは軍事的緊張下など）にある城館の役割だけではなく，日常的な生活の場面での「地域支配の拠点」としての城館の役割をも踏まえる必要があることを指摘したつもりだった。城郭（とくに山城）が日常的に必要であると意識されるようになるのが15世紀に入ってからという，冒頭に紹介した斉藤氏の論をも見据えるならば，そうした日常的支配の拠点としての城館の諸機能をも明らかにしていかなければ，中世全体

を見通した城館の存在意義を見出すことはできないだろう。以上のように考える立場からすると，中世における「軍事」的な諸側面が，当時の支配の論理の中でどのように位置づけられるかが明確にされなければ，「軍事施設」としての「城郭」の存立意義のみを抽出することは危険であろう。これは，「軍事施設」としての城館の役割を全面的に否定するということではない。地域支配のひとつの「手段」である「軍事」的側面のみが一人歩きすることにより，地域支配の多様なあり方を見失いかねないのである。

ところで別に，従来の城郭研究の水準は「敗戦前の要塞研究の枠組に縛られ」ているのではないかと述べたことがある[3]。敗戦前の城郭研究の基本的潮流が，旧日本陸軍による「要塞」研究にあったことは厳然たる事実であろう。だが敗戦後，その主たる目的を失った「城郭研究」は学問的関心の対象から外され，趣味の分野へと追いやられることとなった。その「城郭」研究を，ふたたび学問的俎上に乗せようとする時，わたくしたちは，その研究が決して「侵略」の具として利用されないような問題意識と周到な論理を持って臨む必要があると考える。かつて倭城址研究会による「倭城」調査がどのような視座から進められていくのかに関心を持ったのは[4]，そのような立場からであった。考古学の立場からの城館研究においても，それはゆるがせにできない問題である。時として，考古学の城館研究は「生活遺構の調査」に留まっているという批判を見る。狭義には，初期のいくつかの調査にその傾向があったことは事実であろう。だが，軍事施設論の上に立って，先に述べたような地域史研究の核として位置づける考古学の側の城館に対するアプローチの方法を批判しているとするならば，城館研究に取り組んでいく問題意識の面では，敗戦前の「要塞研究の枠組」に縛られていると言わざるを得ないのではないか。そこでは，当面する学問的課題とどう切り結ぼうとしているかが問われているのである。

2 戦国期の居館をめぐって

従来，土塁・堀を持つ方形プランの居館の多くは平安末〜鎌倉初に成立したもので，南北朝期以降その様相を変えていくという理解の上に「日本城郭史」は語られ，中世前期の在地領主制論が展開されてきた。だが近年の発掘調査例の増加の中で，このタイプの方形館出現の大勢は中世後半にあることが明らかにされつつある[5]。その中で，戦国期に築かれ機能していた居館の数も，決して少数ではないことには注意する必要があろう。しかも，筆者の検討した事例に限って言うならば，水堀を持つ居館の80%が灌漑用水と関係していることを予測させるものであった。これは，その居住者が，土地に最も密着したレベルでの在地支配を展開していたことを示しているものと理解できよう。さらに，その中には複数の居館を結ぶ形で用水網を形成している例も見られ，居館自体が単独で「開発」を進める核となっている場合だけではないことを示唆している。このような形で認識される居館「群」がどのような意味を持つのか，現段階ではそれを考古学的に明らかにしていくだけの資料的蓄積がなされてはおらず，具体相は不明とせざるを得ない。だが，こうした「群」を形成する居館のあり方は，その居住者である在地支配層が一定の政治的連合体を形成していることを意味している可能性は大きい。いわゆる一揆的結合と言われるものがそこにイメージできるのであろうか。いずれにしろ，水堀・用水網といった施設の存在を媒介の一つとして，このタイプの居館の場合には，そのような課題に取り組みやすい条件を持っていると考えられる。今後調査を進めていく上での重要な検討課題であるといえよう。

一方，このタイプには属さない居館も多数存在する。それらの場合には，居館間を結ぶ形で視覚的に確認できる物的証拠には欠けるものの，やはり一定の「群」を形成している可能性は否定できないだろう。むしろ，用水網といった形ではない別の視角から，「群」把握の方法を模索していく努力をする必要があるものと考えている。その場合，三重県伊賀地方を主要なフィールドとした山本雅靖氏の一連の研究は，考古学的手法を駆使した議論として重要な示唆を与えてくれるだろう[6]。

また，西日本の事例から丘腹切込式居館の検討を行ない，戦国期土豪層との関係を論じた村田修三氏の研究も見落とすことはできない[7]。村田氏は，丘腹切込式の「館城」はさらに遡る時期から存在し，戦国期のものはその発達した形として理解している。それは，おそらく東日本にも敷衍できるものと思われ，西日本の事例とは若干異なる様相を示すとはいえ，中世前半に遡る段階から中世末に至る時期まで調査例を挙げることができ，

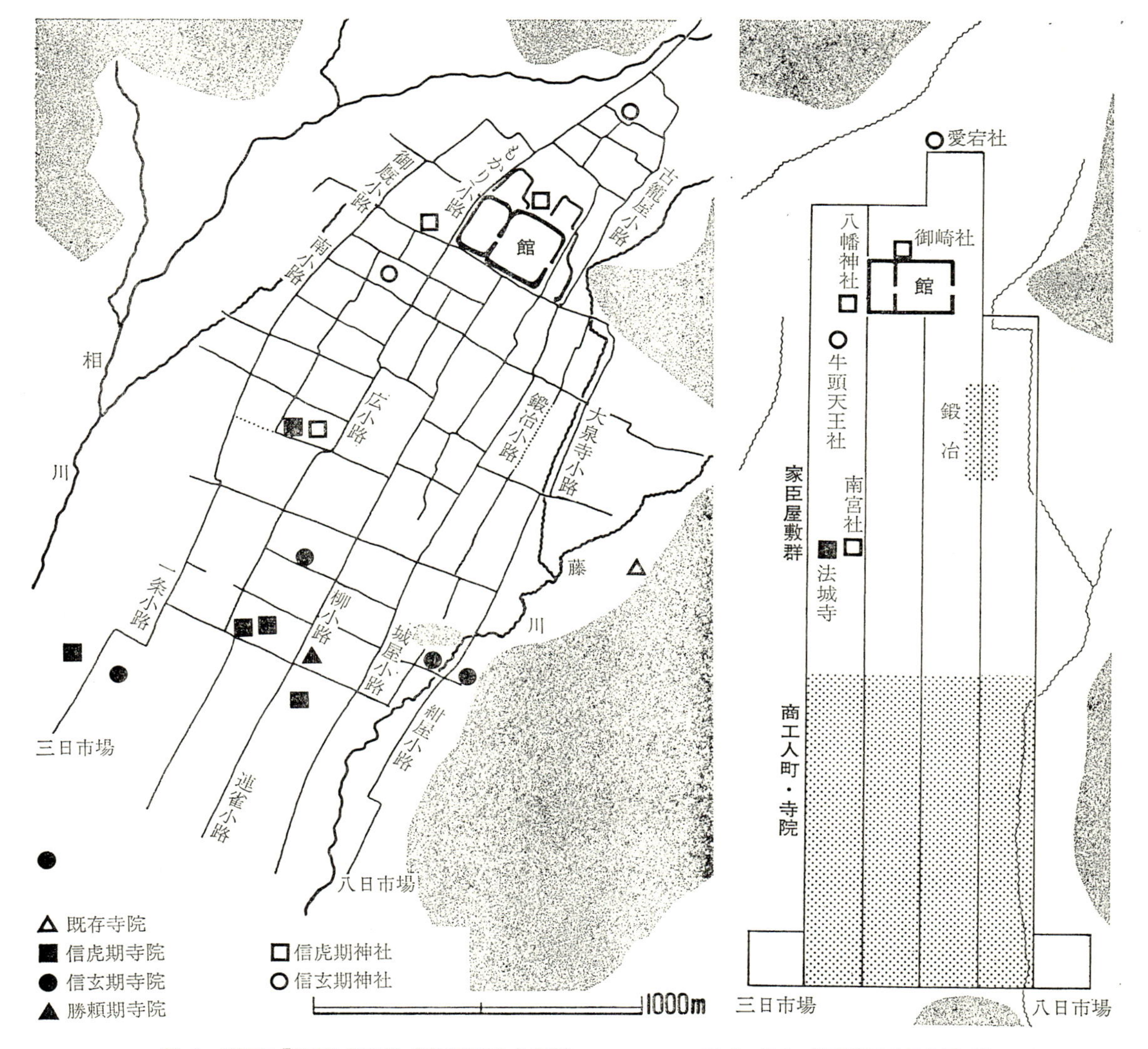

図 1　城下町「甲府」復元図（註10文献より作図）

図 2　信玄・勝頼期甲府概念図（出典は図1に同じ）

さらに近世初頭に存立を求め得る，形態的に近似した例もある[8]。そしてこの事例は，中世後半の小領主層と近世初頭の名主層との系譜的連関性を，考古学的に考えていく上で興味ある検討素材となる可能性を持っていよう。

いずれにしろ，在地小領主層の「戦国期」居館の具体相については，従来その目的的検討はあまり行なわれていなかったといっても，言い過ぎではない。地形的条件などに制約され，形態的にはいくつかのバリエーションを持っているが，それらを地域の実情に則して分析していくことにより，戦国期小領主層の存在形態を明らかにしていく上で重要な知見を得られる可能性はきわめて強い。ただし，すでに峰岸純夫氏が指摘しているように，「方形館」の場合には規模により構築主体にいくつかの階層の存在が予想される[9]。そして，それは丘腹切込式居館にも該当することが推測される。それらを，年代的推移・階層差という二つの側面から系統的に整理していくことも必要であろう。

3　城下町・城下集落と戦国城館

最近，山梨県躑躅が崎館とその城下町の分析を行なった数野雅彦氏の仕事は，城館のプラン形成の上に「町割り」の区画が一定の規制を与えていることを示唆している[10]。つまり，町割りの街路は，躑躅が崎館（中曲輪・東曲輪）南辺中央部から直進する道と，同館南辺の堀に沿う道を基軸に方眼に組まれており，しかも後に拡張された可能性のある西曲輪は，この街路によって三辺を規定される形になっているのである。この事実は，城館のプランが単に軍事的要請のみで決定されるのではないことを示唆していると理解できよう。このような「城館（郭）」と「城下町（集落）」の一体構造は，16世紀後半でも新しい段階の陶磁器群を出土した，宮城県本屋敷（もとやしき）遺跡においても認めることができる[11]。ここでは，伊達領内の国人クラスの領主砂金氏の居城である前川本城の外郭線を画する堀と，城下集落を形成する本屋敷遺跡の外郭を画する堀が連続的に捉えられる形で検出されたのである。こうした事例は，福井県一乗谷（いちじょうだに）遺跡から考えてきたような城館と城下町との一体構造を，戦国大名だけではなく国人領主クラスの場合も持っていたことを示している。

新潟県下において小規模在地領主の城下（町）集落の検討を行なっている坂井秀弥氏によれば，こうした城下の街路が計画性を持っている事例はさらに多数を占め[12]，おそらく国人領主クラスの場合も一般化できる可能性が強いものと思われる。だが，従来の城館研究においては，「城郭」の部分にのみ関心が集中する傾向が強く，その足下の「町」の検討は充分とは言えない。今後，こうした事例の集積をはかる中で，それらがどこでも本屋敷遺跡例の如き様相を示すのか，さらに異なるタイプのものが存在するのかどうか，を明らかにしていく必要があろう。

その場合，柴田龍司・前川要両氏らが進めているような，中世城館の「惣構」をめぐる諸様相の検討は，大きな意味を持っているだろう[13]。柴田氏は，千葉県本佐倉城などの外郭線の観察をとおして，城館の主郭部の規模は外郭部の規模の違いに比べてほとんど差がないことを指摘した。その上で主郭部は基本的に軍事的な性格が強い部分であるのに対し，外郭部は個々の城館の持っていた性格を如実に反映しており，領域支配の拠点としての城館のあり方を検討していく上できわめて有効な対象であると述べた。他方，前川氏は，兵庫県有岡（ありおか）城や大坂城三の丸の調査を土台に織豊系城下町の構造を検討し，その発展を段階づけるとともに，城下町の形成は惣構の存在を抜きに検討することはできないことを指摘した。こうした観点は，一乗谷遺跡の調査を契機にその重要性が認識されつつも，充分発展させてこれなかった面であるが，近年の文献史学の側における城下町論を踏まえ，考古学の立場からの城館研究が新たな展開を見せ始めた分野として注目されよう。

城館と城下（町）集落をめぐる研究の近年の動向とからんで，興味ある成果をもたらしているのは青森県浪岡（なみおか）城北館の調査である[14]。ここでは，曲輪内から16世紀前半に属する建物群が，9ブロックに区画される形で検出され，あたかも集落的な遺構配置を想起させるようなあり方を示していた。この様相は，曲輪内にさらに独立性を持った一定のエリアが存在することを示唆しており，ある種の城館における曲輪の持つ機能を考える上で見落とせないものである。北日本におけるこうした事例は，「日本城郭史」の中でどう位置づければ良いのだろうか。また，他地域の城館においては，全く予想されないあり方なのであろうか。当面する問題として，この浪岡城北曲輪内の構造と他の事例に見る城下（町）集落とは一体どのような形で相対化できるのか，ということをあげておきたい。

4　城館構造の編年をめぐって

現在所在を確認できる中世城館の数は，当時の一次史料上に確認できる城館の数に比べて圧倒的に多い。しかも文書の示す年代は，城館の存続時期の中の一点を示すにすぎない場合が大多数なのである。つまり，ほとんどの城館は，文献史料のみからその存続年代を明らかにすることは不可能ということになる。だが，そのような事態が明確に意識されるようになってから，それほどの時を経てはいない。近年に至るまで，城館の存続年代は，ひどい時には近世文書・軍記物語などを最大の根拠にして語られてきたのである。しかし，一部の城郭研究者の間では，現況地表遺構の様相と同時代史料を基礎にした編年作業が試みられてきた。

ところが，現況地表遺構は，幸運な場合でもその城館の機能した最終段階の姿を示すものであり，仮に中世前半に遡る「文献史料」が存在する場合でも，両者が確実に結びつく保証は何一つ存在しないのである。そうした認識を前提にした場合，現況地表遺構の観察を基礎とする編年作業は，対象を中世城館の最後の段階である「戦国期」に限定していかなければ確実性の乏しい議論になりかねないだろう。近年の城館の編年研究が，16

世紀代を中心としているのは，必然的な結果であると言える。

この戦国期城館の編年的検討は，主に小口部分を対象に進められる傾向を持っている。荻原三雄・千田嘉晴両氏の研究は，その代表的なものといえよう[15]。千田氏は，馬出は出撃の小口と防禦の小口を前後に分けることにより曲輪の機能分化を行なったものと理解し，塁線上に土塁を巡らす特徴のある織豊系城郭に限定して小口の編年を試みた。そして小口部分を「折れ」と「空間」に分解して整理し，さらに堀・石垣の発達度を合わせて模式化した上で，その変化を大きく5期に区分して各期を意義づけた。その方法は，縄張図作成を基本に置きながらも，考古学的分類の手法を用いたもので，考古学の側から見ても注目されるべき内容を持っている。そうした意味でも，今後，測量・発掘といった具体的な検証作業の中で，氏の縄張図の客観性を裏づけていくことが望まれる。だが，こうした観点からの城館の編年作業は，その時代の中で突出した構造を持つ城館だけが評価の対象になる危険性を，常に伴っていることは忘れるべきではないだろう。在地性の強い大多数の城館が切り捨てられることのない，さらに別の視角からの編年論を構築していく必要性は，いまだ存在していると言える。

城館の編年に際しては，個別部分の構造を取り上げる方法が具体的な基準を作る基本であろうが，それのみに限定した検討は軍事的諸要素だけを中心とした編年に陥りやすい。またそうした観点だけからでは，城館の発達史総体を見通す体系化を進めていくことは困難を伴うことが予想される。千田氏の仕事に端的に示されるように，個別部分の構造を主体とした編年化の作業は，やはり戦国期でも後半を中心とした時期に最も有効である可能性が強いだろう。

5　中世城館研究の新しい動き

ここまで述べてきた城館研究の視点は，筆者の場合でも地域「支配」の拠点という側面からに限定されていた。しかし，「中世城館」の担う歴史的役割がその中だけで検討し切れるものなのかという，最も基本的な部分での再検討の必要性を指摘する動きがある。横山勝栄・井上哲朗両氏の提起がそれである[16]。

その中で，横山氏は見逃せないいくつかの論点を提出している。氏は新潟県北部に所在する小型城郭を取り上げ，その分析から，①極小地域を生産基盤とする山村に隣接し，容易に中心部に到達できる丘陵・小山塊上に占地する，②規模が小さく，山地の一部だけに手を入れている，③山頂部に部分的に施設を設けている，④平坦面・切岸・堀切りなどが存在し「くるわがまえ」の様相を持つ，⑤山城が単独で存在し，近隣に有力者の本拠と考えられる居住施設が認められない，といった特徴を抽出した。そして，(a)地理・地形的に繋ぎの城的な連絡機能を見出せない，(b)関係する平地は極小で生産性が低く，軍事的に守備し収奪する対象としての意義は小さい，(c)交通の要衝に位置してはいない，(d)大概の集落に付随している，と整理した。その上で，このような小型城郭の存在意義について「集落に付随し，在地集落在住者によって構築され，維持，管理され，多くの場合，戦闘行為以外の集団で行動する機会に集合し，集会し，あるいは避難し逃避する場面で主として使用される施設」とまとめ，「16世紀半ばにおいては集落形成の構成要素としての位置を有し，きわめて日常性のつよい施設」であったと結論した。

横山氏が見出した小型城郭のあり方は，すべての小規模城郭に当てはまるものではないが，従来欠落していた視点として重要である。しかしその所見と，指摘された性格づけとの間には，今少しの飛躍があり，今後その間を埋める事実の掘り起こしをしていく必要があるだろう。

こうした議論と関連して想起されるのは，藤木久志氏の研究である[17]。藤木氏の戦国期から近世初頭を見通した体系化された議論を的確に紹介する能力は筆者にはないが，その中で指摘された荘園政所の機能についての所見は，興味惹かれるものであった。氏は法隆寺領播磨国鵤荘（いかるがのしょう）政所のあり方を検討して「現実の荘園の生活の中で，名主・百姓は庄内の政所に『出仕』『出入』するのを日常としていた」ことを明らかにし，「荘園村落の名主・百姓というのは，政所に出仕することを固有の役＝資格とする身分」だったのではないか，「政所の運営は名主・百姓を不可欠の構成要素として成立していた」として良いのではないかといった論点を示し，そうした諸点を背景に「政所は地下衆が在地の検断問題を主体的に『群議』し成敗を執行する，いわば地下の自検断の庭としての位置を占めていた」とした。こうした見解が無視できない背景の一つに，中野豈任氏によって検討された「色部氏年中行事」の世界がある[18]。この中に現われる越後国人領主色部氏の館には，鵤荘政所とは若干様相を異にするものの，多様な人々の出入りと，それに対応する在地領主の姿が描かれて興味深い。とりわけ注目されるのは，領主の権力が必ずしも絶対的なものとしてのみ現われてくるのではないことであろう。

筆者自身は，こうした文献史料に現われる在地領主の姿が，「場」としての居館のあり方にどう反映しているかに注目してみたいと考えていた。しかし，さらに一歩進めて「地下の自検断の庭」として，小型城郭の存在意義を見出していくことも，あながち無意味なこととは言えないかも知れないのである。

6 おわりに

中世城館の考古学的な研究の方法にはさまざまな手法が存在する。そして，現在最も重要な位置を占めているのは「発掘」であろう。だが，報告書の数が，ほぼ消滅してしまった城館の数に等しいという現状の中にいることも忘れるべきではない。その中で，各地で城館の保護・保存をめぐって厳しい動きがある。護るためには，何よりもまずその「遺跡」としての範囲を出来うる限り明確にしていかなければならないだろう。「縄張図」作成という作業を通して，城館の基本構造を明らかにすると同時にその範囲を把握するという努力は，独り城郭研究者のみに課せられた任務ではない。各地域において，考古学の側からも積極的に取り組むべき課題であることは誤りないと考える。

一方，史跡として整備していこうとする努力も進められている。ここに詳細を紹介するゆとりはないが，栃木県宇都宮市の飛山城における試みは，近年の成果として多くを学びとるべきだろう[19]。城館研究は，おそらく個別考古学だけではなく，中世史研究の総合的な取り組みの中で，はじめて地域史研究の核としての役割を担うことができるようになると考えるからである。

小稿では，戦国期城館をめぐる諸問題を網羅的に取り上げることはできなかった。まして，考古学の成果を全国的視野からまとめることは初めから望めなかった。紙数の制約もさることながら，筆者の力不足が大きいことは覆うべくもない。多くを今後に残しつつ，ひとまず締め括りたい[20]。

註

1) 「戦国武将の城と縄張り」『戦乱の日本史』9 巻，第一法規，1988
2) 「最近の中世城館の考古学的調査例から」貝塚，15，1975
3) 「1985 年考古学界の動向―中・近世―東日本」考古学ジャーナル，263，1986
4) 「『倭城Ⅰ』の刊行によせて」貝塚，24，1980
5) 拙著「中世居館の再検討」東京考古，5，1987，同「中世方形館を巡る諸問題」歴史評論，454，1988，坂井秀弥「新潟県における中世考古学の現状と課題」新潟考古学談話会会報，1，1988
6) 「中世城館の分布とその問題」古代研究，15，1978，「伊賀における中世城館の形態とその問題」古代研究，27，1984，「伊賀惣国一揆の構成者像」大阪文化誌，17，1984 など
7) 「中世の城館」『講座日本技術の社会史』6 巻，日本評論社，1984
8) いわき市教育委員会『四郎作遺跡』1983
9) 栃木県教育委員会『石那田館跡』1975
10) 数野雅彦「中世城下町甲府の立地とプラン」『第五回全国城郭研究者セミナー資料』山梨文化財研究所・中世城郭研究会，1988
11) 宮城県教育委員会『東北横断自動車道遺跡調査報告書Ⅱ』1987，鈴木真一朗「仙台領『要害』の近世以前」『第五回全国城郭研究者セミナー資料』前出，1988
12) 坂井秀弥「中世小木城下の復元」新潟史学，20，1987，同「新潟県の戦国期城下町について」『第五回全国城郭研究者セミナー資料』前出，1988
13) 柴田龍司「中世城郭の外郭部について」中世城郭研究，創刊号，1987，前川 要「有岡城惣構の再検討」『有岡城跡・伊丹郷町Ⅰ』大手前女子学園有岡城跡調査委員会，1987，同「織豊系城下町の構造」『大坂城三の丸跡Ⅲ』大手前女子大学史学研究所，1988
14) 工藤清泰「北日本の城館について」帝京大学山梨文化財研究所報，5，1988
15) 萩原三雄「丸馬出の研究」『甲府盆地―その歴史と地域性」雄山閣，1984，千田嘉晴「織豊系城郭の構造」史林，70―2，1987
16) 横山勝栄「新潟北部の中世の小型城郭について」昭和63年度研究紀要（新潟県東蒲原郡三川村立三川中学校），1988，井上哲朗「村の城について」中世城郭研究，2，1988
17) 『戦国の作法』平凡社，1987
18) 『祝儀・吉書・呪符』吉川弘文館，1988
19) 宇都宮市教育委員会『史跡飛山城保存整備基本計画』1988
20) 戦国期城館をめぐる新しい議論として，松岡進氏の仕事がある。小稿の不備を補ってあまりある重要な成果であり，参照願いたい。「戦国期城館遺構の史料的利用をめぐって」中世城郭研究，2，1988

戦国城館跡の発掘

戦国における城館跡の発掘は近年盛んに行なわれてきているが，その実態はどう把えられるであろうか。各地の代表例を示そう

大坂城／清須城／小田原城／八王子城／武田氏関係城／郡山城／安岐城／浪岡城

大坂城（摂津）

大阪市教育委員会
■長山雅一
（ながやま・まさかず）

三国無双と称せられた豊臣氏大坂城は現在は地下に埋もれているが，ここ10数年ほどの調査により当時の天守台石垣が発見された

巨大な石垣とエレベータのある鉄筋コンクリートの天守閣で有名な大阪城は長らく豊臣秀吉により築城されたものが残っていると考えられていた。櫓（やぐら）など建物はすべて江戸時代に建てられたものであることはよく知られているが，いま私たちが見ている石垣も実は徳川氏により再築されたものである。したがって，今日大阪城を訪ねても豊臣秀吉が建設した跡を見ることは全く不可能である。

豊臣氏の城域は東は旧猫間川，西は東横堀川，北は大川，南は空堀にいたる。いま，大阪城公園として市民に親しまれている城跡は徳川氏再築になるもので，豊臣氏大坂城の二の丸の堀までである。面積は豊臣氏大坂城が今の範囲の4～5倍に及んでいる。

1959年の大阪城総合学術調査の結果は大変な事実をもたらした。それは，本丸地下7mの所に豊臣氏の建設になる石垣が発見されたことである。すでに，小野清氏によって現大坂城が徳川再建に成るものであることは指摘されていた。しかし，具体的な証拠は提示されていなかった。この時の調査で地下深く埋まっている石垣が存在することが明らかにされた。

1979年以降の城内外の開発工事に伴う発掘調査で豊臣氏大坂城関連の遺構が検出されてきた。ここでは，それらの概要を説明し，今後の課題と展望について述べてみたい。

1　豊臣氏大坂城の建設史

天正11年（1583）9月，秀吉は石山本願寺の跡地で大坂城の建設にとりかかった。この地はもとはといえば，信長が目をつけ，石山本願寺と前後11年に及ぶ戦いの末，手に入れた処である。『細川忠興軍功記』によれば，「御本丸は丹羽長秀殿御預り」とみえ，『足利季世記』には信長の攻撃に長年耐えた石山本願寺のことを「摂州第一の名城」と讃えている。石山本願寺はすでに城としての構えを持っており，秀吉の城普請は旧城を利用したと見られている。

（1）　第1期工事

秀吉は柴田勝家を賤ケ岳の合戦に破ると信長の後継者として大坂の地に入り，まず本丸の建設にとりかかった。着工2か月後の天正11年（1583）11月，天守台の石垣が完成した。ポルトガルの宣教師ルイス・フロイスの報告書によると，工事は初め2～3万人を使って始めたが，後には5万人に増加し完成を急いだという。それは，当時の政治情勢は秀吉が信長の後継者たりえたとはいえ，ま

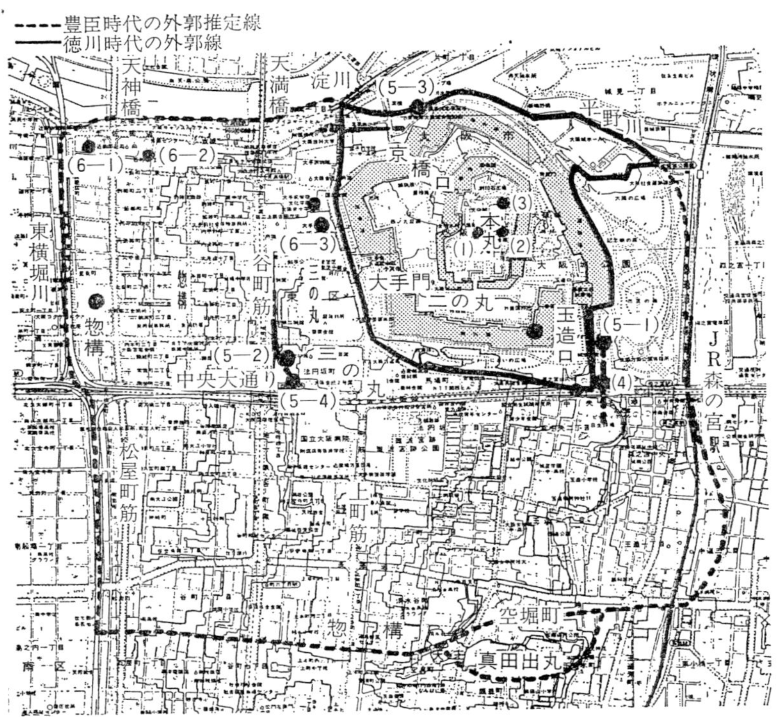

図 1　豊臣時代と徳川時代の大坂城外郭線と主な調査地点（●）
（大阪市文化財協会『大坂城跡Ⅲ』を一部改変）

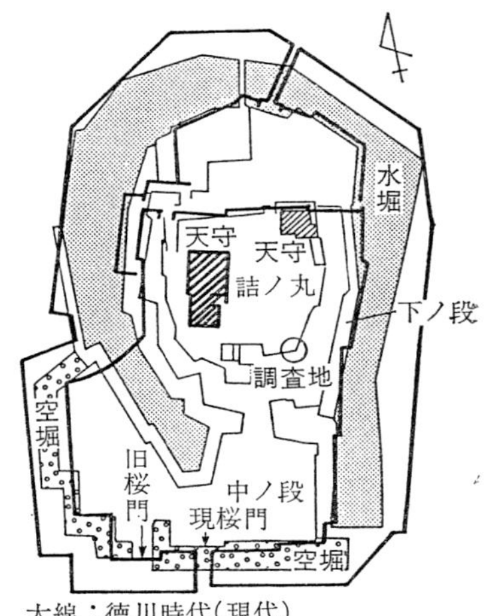

図 3　豊臣・徳川両大坂城重ね合わせ図
（大阪市文化財協会『特別史跡大坂城跡』より）

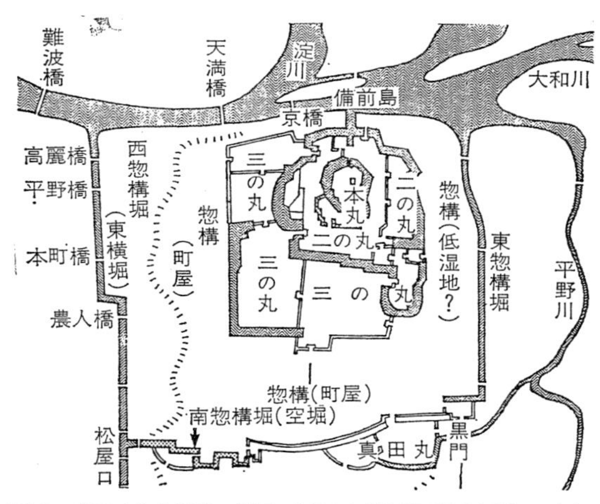

図 2　豊臣時代大坂城の範囲（渡辺武『図説再見大坂城』より）

だ畿内の外には有力な勢力が存在し，全国制覇の途上であったためである。したがって，要害の地にあり，難攻不落の誉れ高かった石山本願寺に手を加えた城造りを行なったのであろう。

天正13年（1585）7月，ほぼ全国を平定した秀吉は天下人として相応しい豪華，絢爛たる天守閣を完成させた。城の様子はフロイスによると「悉く旧城の壁と堀の中に築かれ，（中略）塔（天守，櫓などのこと）は金色および青色の飾りを施す」とある。

徳川幕府京都大工頭の子孫である「中井家」に伝わる「豊臣時代大坂城本丸図」をみると，平面的にも，立体的にも，今の本丸の状況と異なっていることがわかる。

異なる点は，平面的には，本丸正門の桜門の位置が南にずれており，桜門の前面が堀で遮られていること，立体的には，本丸内が「詰の丸」「中の段」「下の段」の3段に分かれていることである。現在の本丸は桜門が天守の真東に開いていること，本丸内がほぼ平坦であることを見るとその違いがわかる。さらに，機能的には本丸内だけで十分城郭としての備えが整っていることがわかる。

（2）　第2期工事

翌天正14年（1586），二の丸堀の普請が始まった。フロイスは秀吉に案内され，この工事を天守の上からみている。そして，堀の幅を40畳，深さを17畳と記している。また，石垣の石を運んだ船が毎日千隻も来ていたことを記している。天正16年（1588）3月，二の丸工事は完成した。2年を越える長期間の工事の末，二の丸の堀が完成した。奈良の多聞院英俊は「大坂普請もようよう周備云々」と記し，大坂城そのものの工事が完了したとみていた。

（3）　第3期工事

6年後の文禄3年（1594）正月，再び秀吉は，

「大坂惣構堀」の普請をはじめた。二の丸の外部は当時秀吉の重臣の屋敷のほか，町屋にも開放され城下町を形成していた。惣構はこれらの地域を含めその外郭を画する工事で，本丸の守りの強化と城下町の保護が目的であった。

工事の大要は明らかでないが，東はもともと低湿地であった地域に猫間川を利用して水堀を作り，西は上町台地の西側に展開した天満砂堆後背湿地を整備した東横堀川に堀の機能を持たせた。北は台地の北で淀川と旧大和川が合流するがその自然の流れを堀に利用した。南は台地の続きで大坂城にとって最も守りの弱い所である。ここは，自然の谷地形を利用して空堀を掘り，土塁を築いたものと考えられている。文禄５年（1596），この工事が完成し，大坂城の外郭の守りが強化された。規模は東西，南北各 2km の広大な面積を占める天下の名城となり，「三国無双」と称せられた。

（4） 第４期工事

しかし，秀吉は慶長３年（1598），二の丸と惣構の間に三の丸を築かせた。自らの余生のいくばくもないことを悟った秀吉はわが子秀頼の将来を案じ，さらに防御を固めさせたといわれている。三の丸の規模と形態はかつて岡本良一氏による地形からの復元案があった。その後，仙台藩主伊達政宗の事暦を表わした書物である『僊台武鑑』の中から大阪城天守閣主任渡辺武氏によって大坂冬の陣の配陣図が発見された。この図は三の丸の形態がかなり正確に表現されているので，その図の研究から三の丸の復元が試みられている。

2 豊臣氏大坂城跡の発掘調査

（1） 本丸の石垣

1959年西外堀の水が枯れたのが契機になって，学術調査が実施された。この時，初めて本格的に石垣表面の刻印調査が行なわれた。結果は関ヶ原合戦で亡んだ大名や夏の陣後に改易処分された大名の刻印は全く存在しなかった。これは地表に表われている石垣の築造が徳川氏による再築時の石垣であることを物語るものであった。そして，豊臣氏により築かれた石垣が地上には存在しないことが明らかとなった。

ところが，同時に行なわれた本丸内のボーリング調査で天守台南 45m の所から石積みが発見された。そこで，直径3m の竪坑を掘ったところ，地下 7.3m で野面積みの石垣が検出された。ボーリング結果から考えると，石垣の高さは 4m くらいと見られている。石の大きさは長径 30～60cm の自然石で石材，石積み手法から豊臣時代かそれ以前の石山本願寺のものと考えられた。この石垣の発見をきっかけに，大阪城天守閣は本丸においてボーリング調査を行ない，前述の中井家に伝わる本丸図の確認を続けた。そして，ほぼ本丸図のように石垣が地下に存在することをつきとめた。

（2） 本丸詰の丸の石垣

1984年の本丸詰の丸の石垣発見まで天守閣が行なってきた本丸内の石垣確認調査で，豊臣氏が築造した大坂城天守は現地表より 7～10m 下に存在すると推定されていた。ところが，天守閣の東にある貯水池（図３調査地）の補強工事に伴い調査をしたところ，予想外の深さで石が発見された。石垣は現地表下 1.1m の所に天端があり，6m の高さを残していた。鉤形に東西 6m，南北 3m の石垣はちょうど詰の丸外郭の出角部に該当し，上には櫓があったと推定される。この事実は，従来の所見を一変させるもので，豊臣氏大坂城の研究に大きな一石を投じた。

石垣は野面積みで一辺 0.5～1m の生駒山や六甲山の花崗岩を用い，和泉砂岩や緑色片岩も使われていた。出角部分には算木積みの技法が採用され，角石には古代建築で使用された礎石が３個転用されていた。また，石棺の未製品の可能性が残る竜山石も使用されていた。裏込めの石には，拳大から人頭大の円礫が使われているが，五輪塔や石臼なども転用されていて，石材調達の苦労の様子が偲ばれる。この石垣の下面は「本丸図」によると中の段に相当し，夏の陣の焼土層が厚く堆積していた。さらに下層には焼土を含む地層や整地の跡が何層かあるので，石山本願寺の遺構が存在する可能性もある。

また，上記石垣の内側石垣と詰の丸表面も確認された。入角部で東西 4m，南北 1.5m の石垣が鉤形に検出されている。石積みは最下段を残すだけで，良く残っている部分で約 40cm をはかるにすぎないが，積み方，石材，石の大きさは外郭部と全く同じである。また，石垣の下をくぐって，詰の丸の排水を中の段に落す石組溝も出土している。

また，詰の丸の地表面もほぼ残っていることがわかった。それによると，天守台の高さは従来考

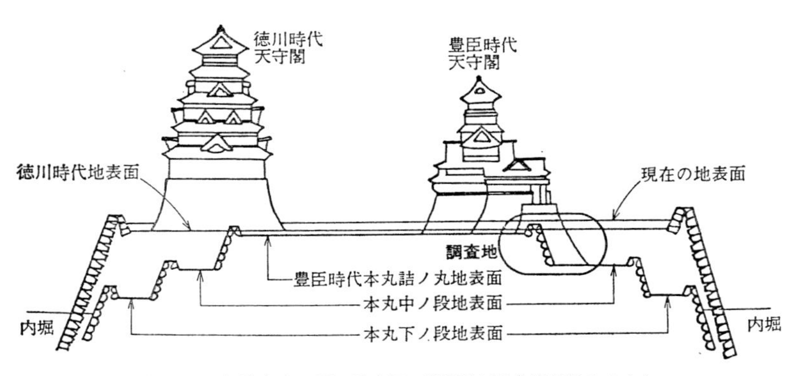

図 4　大坂城本丸の断面模式図（『特別史跡大坂城跡』より）

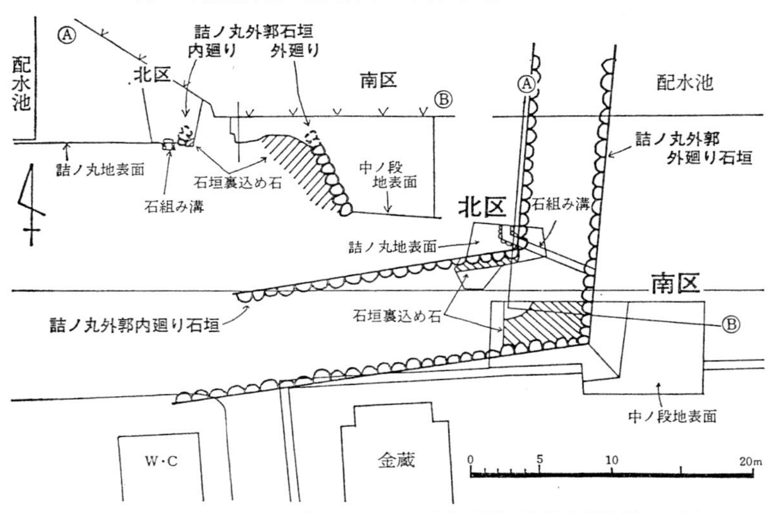

図 5　遺構の位置関係図（左上は断面模式図）（『特別史跡大坂城跡』より）

えられていたより高く，現地表面に近いことがわかった。

（3）　天守台北東隅の石垣

1988年３月，天守閣は天守台の石垣確認のための井筒を埋めながら径1mの調査を行なった。その結果，花崗岩の石積みが確認され，深さ約 3m に及んだ。石積み方法は他のものと全く同じで，中井家本丸図の天守台の位置に一致した。

（4）　二の丸の石垣

1988年，玉造門の南の地下約８mの所で東西方向の石垣が南に曲がることがわかった。石は50～70cm の自然石で積み方は野面積みである。石垣の高さは1.8mで，石垣の上端は破壊されてわからないが，現地表面から1.5mのところから，素掘りの堀が掘られていた。石垣はこの堀裾の部分に設けられているので，腰巻式の土塁といわれる。この形の石垣は現在，江戸城の堀にもみられる。石の表面には多くの墨書の跡が残っている。刻印は見られず墨書のみであるので豊臣期の石垣の特徴である。

（5）　三の丸の石垣

1978年徳川再築大坂城の南外堀の東，東外堀南で算用曲輪跡の低い所で豊臣氏三の丸の石垣が出土した。現算用曲輪からは10m ほど低くなったところで，地表下 2m を天端とし，高さ 1.5～2m の石垣が残っていた。石材の大きさは本丸，二の丸の石と大差はない。堀の底には石垣の石が多数落ちていた。多分，冬の陣後に徳川氏によって堀が埋められた時に破却されたものと考えられる（5—1）。

1982年大手門の南東外方で堀と石垣が見つかった。調査地の東部で石垣の最下段が検出され，中央から西部で堀が検出された。石垣はよく残っている所では1.5mにおよぶ所もあるが，全体に破壊が進んでいた。石垣から堀へは約20mの緩やかな傾斜がある。堀の部分は素掘りで深さは1.5m程度である。堀の底には逆茂木と言われる杭が無数に打ち込まれた跡があり，幅が 35m もあるので，浅くても防御の用を足したと考えられる。堀と石垣の関係は，二の丸で出土した腰巻土塁にたいし，土塁の上部に石垣があるので，鉢巻土塁と呼ばれる。

また，堀埋土の上部から部厚い焼土が検出された。堀と石垣はその前に破壊され，埋められているので，堀が埋められ，石垣が破壊されたのを，冬の陣の講和後に徳川方の手によったと見ると，この層は大坂夏の陣の時の層と考えられ，冬の陣後に再度の戦いに備えて築かれた櫓などの防御施設が無残に焼け落ちている。ここでも冬の陣と夏の陣の経過が遺構からたどれる。戦いに敗れた豊臣氏は秀吉の築城になる「天下無双」といわれ，「豪華，絢爛」たる大坂城とともに滅びたのである（5—2）。

1984年京橋口を出た城の北側でも三の丸の石垣が発見された。検出された石垣は高さ 1.3m，長さ 48m で花崗岩と砂岩系の自然石を野面積みに積まれたものである。1987年にこの西方を引き続き調査し，延長部分を検出している。ここでも墨書石が出土し豊臣時代の石垣の特徴を示している。この位置の少し北は旧大和川と淀川が合流して西に流れる自然の河川に接している。調査地北に隣接する日本経済新聞社の建設では徳川期の護岸を兼ねた石垣が出ているが，豊臣期のものは出土していないので，ここが外郭の護岸の役割を果たしたのかもしれない（5—3)。

1988年，前述の堀と石垣が出たすぐ南で豊臣期に建設されたと推定される東西50m，南北20m，深さ 4〜5m の箱形の素掘りの堀状遺構が検出された。この堀は比較的早く埋められ，その北側に土塁を築き，塀を巡らしている。塀の北側は一段低くなっていた。この土塁上の塀の柱跡に並行して柱跡があるのは「大坂冬の陣図屛風」に見られる「桟敷」の遺構と推定される。「桟敷」に直行し南北に土手状の段差がある。南北 7m，東西 2m のＬ字形の石垣は土手状の段差の一角に造られていた。石垣の高さは2mでほぼ当時の高さを保っている。これらの遺構は三の丸曲輪の一角に当たる施設と考えられる。また，この遺構面が一旦，埋められた後に夏の陣で焼けたと見られる火災痕跡や焼土層の堆積があるので，豊臣期に築造されたものである。とすると，埋められた巨大な素掘りの堀はいつ掘られたのか，またなぜ早々と埋められたのか。単なる土取り場の跡を一時堀としていたが，城の構えが出来あがるとともに不必要となり，慶長3年の三の丸普請に際し完全に機能しなくなったとも考えられるが，成案はない(5—4)。

（6） 三の丸内の屋敷と町屋

今までは主として石垣を中心に大坂城の遺跡を紹介してきたが，三の丸から惣構の間でいくつかの屋敷跡の発掘が行なわれている。東横堀川と土佐堀川が接するあたりの城の北西隅で大きな屋敷の一角が検出された（6—1)。その東の土佐堀川に接する所でも大きな屋敷の門跡とそれに続く塀の基礎の石積みが 30m ほど調査されている。いずれも民家ではない（6—2)。

大手門の北西すぐの大手前高校敷地では三の丸の築造前に1軒 $20m^2$ 程度の民家があったことを示す遺構が検出されている。大手口のすぐ近くで民家の建物が存在することには疑問も残るが，三の丸地域は町屋に開放されていたので，三の丸築造までは城下町が形成されていたのであろう。慶長3年の三の丸普請が始まると町屋は解体され，城地として整備されたようである（6—3)。

この他，惣構の中で豊臣氏の大坂城を象徴する金箔押瓦が発見される場所も多い。出土地点が必ずしも金箔押瓦が葺かれた建物の存在した所とは言えない。夏の陣後の整地などで移動したことも考慮の余地がある。城内施設を復元する時，参考になるであろうが，まだまだ問題も多い。

3 課題と展望

以上述べた調査は，この10年間に実施されたものがほとんどである。それも，各種の工事に伴うもので，初めから学術的な目的で実施したのは，わずかに「大阪城総合学術調査」と，それを継承した天守閣が行なった調査だけである。今まで出土した各遺構は幸い，全体を見通すのに適した個所に当たっている。しかし，その次の課題を解決するために必要な調査個所は学術的観点から選択できる余地は今のところ全くない。

しかし，地下には豊富な資料がまだ埋蔵されていることが明らかである。文書や絵図など書かれた資料も，今後さらに発見される可能性もある。今日までの研究の発展は戦後における文献史学と考古学の協力によるところが大である。突発的な開発に備えて，両者が協力して日常的に研究の成果の蓄積を図ることが要求されているのではないだろうか。

参考文献

岡本良一『大坂城』岩波書店，1970
村川行弘『大坂城の謎』学生社，1970
岡本良一編『大坂城の諸研究』日本城郭史研究叢書 8，名著出版，1982
大阪城天守閣編『大阪城天守閣紀要』1〜15
渡辺　武『図説再見　大阪城』（財）大阪都市協会，1983
岡本良一編『日本名城集成　大坂城』小学館，1985
(財)大阪市文化財協会『特別史跡大坂城跡』1985
松岡利郎『大坂城の歴史と構造』名著出版，1988
(財)大阪市文化財協会『大坂城跡　Ⅲ』1988
佐久間貴士編『よみがえる中世一石山本願寺から天下人へ一大坂』平凡社，1989

清須城（尾張）

愛知県教育委員会
■遠藤才文
（えんどう・としふみ）

尾張平野の中央，低平な自然堤防上に立地する清須城とその城下町は三重の堀に囲まれ，堀割，道割，町割の姿を顕にしつつある

慶長15年（1610），名古屋の地は，いつにない喧噪の渦の中に巻き込まれていた。幼少の徳川家康の子，義直（よしなお）を藩主と仰ぐ尾張藩の新しい城と町とを，今まさにつくらんとしていたからである。西国大名衆を総動員してのこの一大事業は，織田信雄（のぶかつ）（織田信長の二男）以来の拠点であった清須（きよす）の，町ぐるみの大移動——清須越でもあったのである。思えば信雄が清須の普請をしたのは，わずか26年前の天正14年（1586）のことであり，このような薄命を一体誰が予想しえたであろう。

清須城下町（愛知県西春日井郡清洲町所在）は，尾張平野のほぼ中央，木曽川水系に属する五条川の中流域に位置し，高いところでも標高6m前後という低平な自然堤防上に立地する城と町であった。

この城下町の発掘は昭和57年に始まり，調査面積は，すでに5万m^2に達しようとしている。ここでは調査成果のうち城下町プランニングの根幹にかかわる堀割と道割，そして町割について，簡単に紹介することとしたい。

1　堀割・道割，そして町割

城下町は，東西 1.5km，南北 2.7km の規模を有し，三重の堀によって囲まれていた。こうした堀割は，数カ所でその遺構が検出されている。

中堀は幅 18m，深さ 3m を測り，外堀はそれよりやや規模を小さくしている。堀の断面はいずれも逆台形の箱堀状を呈するとともに，内側が1mほど高くなっていて，防禦上の利点ばかりでなく，増水期には堀の内側を保護する役割をも合わせもつものであったと思われる。

また，中堀は五条川に直結せず，土橋の機能を有すると思われる堤塘を介在させている。そして，川は中堀との接点で切断されることなく，そのまま城をめぐる内堀として利用されていたのである。

こうした堀割の配置との関係でことに注目されるのは，本丸から北西方向に位置するところで検出された幅45mの堀割の存在である。従来この堀は，内堀と中堀とを繋ぐ導水路として理解されていたが，独自に水を確保するための構造をもっていることなどを合わせ考えると，単なる水路などというようなものではない。つまり，規模の点でも五条川と対をなすものとして普請された，まさに城そのものをめぐる堀割だったのである。

このような調査所見は，清須城の規模について，本丸部分にとどめていた旧説に変更をせまるものであり，本丸北側の中堀までの一角をも含めて城地とし，改めてその構造について検討せねばならなくなってきている。と同時に，かかる城のありかたは，城下町全体のプランニングに関しても南を正面とするのではなく，実は北を正面として設計されていることを意味しているのである。検出されている遺構群のかかる視点からの見直しと再評価がせまられていると言わねばならない。

一方，主要道について見てみると，町には「清須より萩原迄道通」「清須より津島迄道通」「清須より宮迄道通」（『駒井日記』）があり，さらには小牧までの道などがあった。これらの道のうち「萩原迄道」と「宮迄道」は，清須越以後に美濃路として再整備され，ここに宿が置かれたため，その本来のあり方が不明となっていた。

しかし，「宮迄道」について検出された遺構に則して検討すれば，外郭内では近世美濃路とオーバーラップするものの，方位をやや東へ傾斜させる内郭内の道筋については，それと一致することなく東へとずれていたようである。このことは，外郭と内郭とで町割の軸線方位などに差異があることを予想せしめるものであるが，直接的には「宮迄道」が中堀と交叉する地点に虎口が設定され，それによって道筋が鉤の手となっていたことを証しているのである。

城下町廃絶後の道筋の改変の事例は「萩原迄道」についても認められる。内郭内において，併走する二本の横道を竪道で繋いで鉤の手に屈折して通っていたものを，後に斜めに接続させていたので

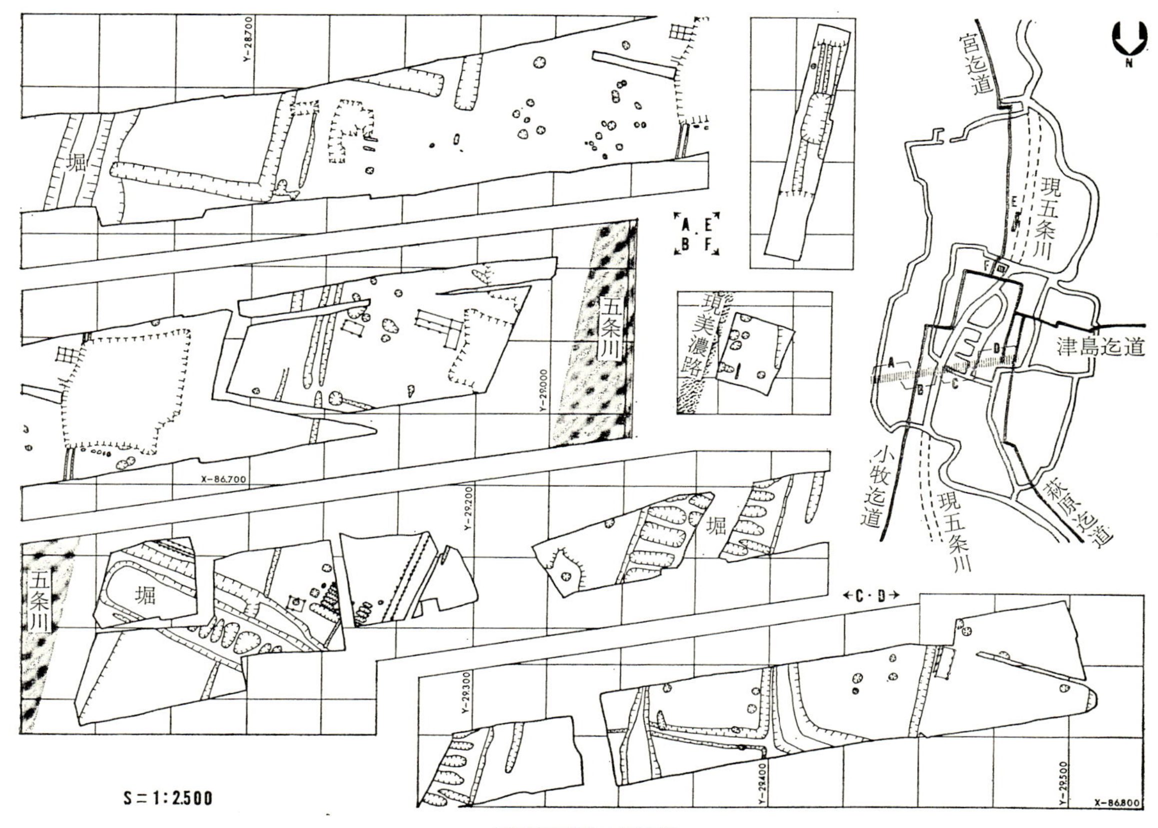

清須城下町の主要遺構

ある。

清須における主要道のプランニングは，道筋を直線的に屈曲・交叉させて曲線は用いないことを線引きの原則としつつ，構造的には竪道として外郭内へ導入したものを，内郭内で横道に切り換えること，城の正面に郭外からの道を直接導入しないことなどを原則としているのである。そして，虎口やさらには遠見遮断などの設定など，軍事上の配慮をきめ細かく行なっているのである。

こうした堀割と主要道のプランニングを基に行なわれた町割は，一見，複雑な様相を呈している。にもかかわらず武家地，町人地，寺社地の区分が截然となされているなど，プランナーの意図は明瞭に読みとることができる。

武家地については，外郭の小牧までの道沿いと，内郭の北西隅で検出されている。後者については，同じく内郭内であっても「宮迄道」沿いでは町屋が展開していることと対象的な情況を示していて，城の前面に対する防禦意識が優越していることを表わしている。

町人地は長方形街区と短冊型地割によって町割されている。そして主要道沿いに一部竪町が認められはするが，大半は横町プランとなっている。また町屋の形成は郭内にとどまって外へ広がることはないが，しかし一方では，郭外であっても「津島迄道」沿いのように，街村が形成されていて，押えがたい清須の膨張ぶりを物語っている。

さらに寺社地については，東北隅の外堀沿いに二列設定されていて，個々の寺社地は幅7mほどの大溝によって屋敷割されている。これらの大溝は外堀と有機的に結合し，全体として城下町の防禦機能を高めているのである。

2 おわりに

清須城下町は，なお領国別支配体制が強く残存する近世初頭に，あくまでも領国尾張の支配拠点としてプランニングされ普請された城と町であった。それ故にこそ，幕藩体制が確立するに至れば，清須越を迎えねばならなかったのでもある。ともあれ，清須城下町遺跡は，まぎれもなく近世城下町の初期形態を良好な状態で地下に秘匿させていることには相違ないようである。

小田原城（相模）

小田原市教育委員会
■ 諏訪間 順
（すわま・じゅん）

東国最大の城郭であった小田原城は古文書や絵図に加えて発掘により曲輪内部や武家屋敷，町屋などの状況も明らかになってきた

小田原城は大森氏，後北条氏の居城した時代をへて江戸時代にいたる，15世紀初頭から19世紀・幕末までのおよそ5世紀にも及ぶ長い歴史を持った城郭である。その特色は後北条時代最末期には周囲10kmの大外郭（総構え）を有する東国最大の城郭となり，江戸時代においても江戸城の西の防衛上重要な城郭として温存されたため，それが，後北条期の土塁・空堀による中世東国的な城郭構成と，石垣と水堀による近世城郭の複合した縄張りを持つに至ったということである。

この小田原城はすでに後北条氏関係の古文書，現在まで残された20枚を越える城絵図の系統的調査，さらに現地形の踏査，測量などによって，中世後北条期からの発展過程や，その後の近世化の変容過程の大筋が明らかにされており[1]，こうした城郭史的な成果は発掘調査を実施する際，極めて有効である。

小田原城における発掘調査は1971年に奥田直栄氏による1次調査を出発点とし，現在までに50箇所を越える地点が調査されている。1970年代の調査は上記の史跡整備に伴う調査か，あるいは八幡山古郭や山地部三の丸の土塁・堀の調査が多いという傾向があったが，1980年代に入って調査件数が急増する中で，曲輪内部や武家屋敷，町屋といった生活の痕跡が残されている部分での発掘調査も次第に行なわれるようになった。その結果，従来の小田原城の発達史に疑問を投げかけるような発見や，従来の城の縄張り論では理解できない場所からの堀の検出などがあり，小田原城の発掘調査による成果が蓄積されつつある。

ここではその好例である三の丸箱根口の調査[2]について紹介しよう。

1　三の丸箱根口の調査

（1）　調査の概要

調査地は三の丸箱根口門から二の丸南堀御茶壷橋手前までの県道内に位置する。箱根口は本丸の南約300mの位置にあり，東海道筋に面する重要な虎口で，後北条後期から江戸初期には大手門であった。調査地は正保図（正保年間1645〜1647年に成立）以降の城絵図には箱根口門から御茶壷橋へと至る道として記載されている場所であった。

下水道工事に伴って1986〜1987年にかけて約200m²（長さは75m）が調査された。現在整理作業を行なっているところである。

調査の結果，寛文から延宝年間にかけて改造された箱根口門櫓台石垣の一部やその下層より形態，走行，時期の異なる3つの堀が検出された。これらはい

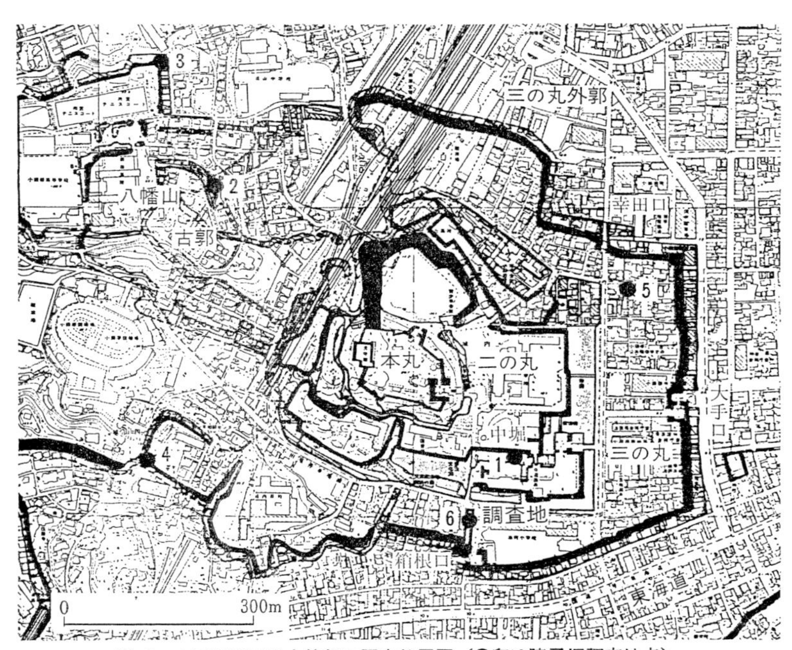

図1　小田原城三の丸箱根口調査位置図（●印は障子堀調査地点）
1：二の丸中堀，2：字八幡山枝堀，3：鍛冶曲輪北堀，4：新堀，5：本町1丁目
6：箱根口3号堀

ずれも正保図以降のどの城絵図にも描かれていないことから，正保年間以前に位置づけられる堀であることが理解できる。この他には石組水路や井戸，土壙，道路面，柱穴列などの遺構が検出されているが，この３つの堀とその出土遺物について若干説明する。

１号堀　南北方向に走行を持ち，幅 3m 以上（東側法面は調査区外)，長さ75m以上，深さ3.5m程度の規模を持つ。堀の堆積状況は最下層は砂礫層で下層は灰色粘土層，中層は砂層で，上層はローム層を一気に搬入し埋め立てた状況が理解できた。

遺物は覆土下層を中心に陶磁器，かわらけ，漆器，木製品などが出土している。

陶磁器は中国産では染付を主体に白磁，青磁，国産は瀬戸・美濃天目茶碗，同擂鉢，同鉄釉皿，常滑甕などが出土している。

染付は口縁部が直立ないしやや内湾する碗が多いが（図3—2)，それ以前からの系統を持つ端反のものもごく少量認められる（1)。文様は外面に蓮弁文を持つものや，見込みに十字花文を持つものが比較的多い。また，染付皿の底部は碁笥底を呈するものも特徴的である（3)。青磁は見込みに印花を持ち，高台内に及ぶ施釉を丸く掻き取るもの（6）などが認められる。白磁は口縁部が端反る皿がほとんどを占め（7)，若干，高台からゆるやかに外反するものも認められる（8)。灰釉陶器は削り出し高台で腰以下が露胎となる皿（9）が主体を占める。天目茶碗は露胎部に鉄化粧を施すものである（10)。これらに多量のかわらけが伴う（11・12)。これらの陶磁器はある程度の時間幅は持たせる必要があるが，概ね16世紀初頭ないし，前半に位置づけられる。

３号堀　形態は障子堀であり，１号堀を切って構築されている。調査範囲が狭かったため走行については断定できないが，東西方向に走る西側の立ち上がり部分を調査したのではないかと考えている。障子堀の規模は南北方向の堀肩幅 3〜3.6m，堀底幅1.2〜1.5m，堀障子天端幅 90cm，堀障子までの高さは1.2mを測る。堀法面の角度は50〜55度を測る。覆土は堀障子までは灰色粘土層である。

遺物は覆土下層より中国染付（図 3—13〜16)，漆器碗約30個体分（17)，漆塗陣笠 1，漆塗小札 2，下駄 3，箸などが出土している。中国染付は濃い

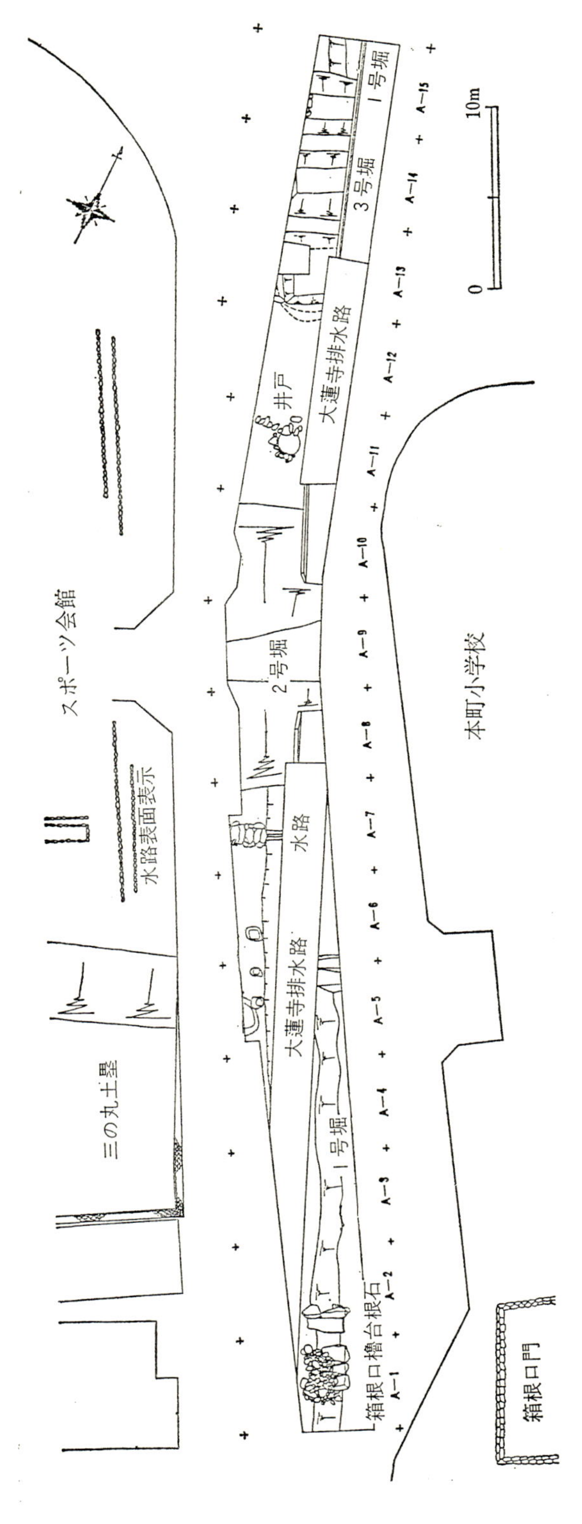

図２　箱根口全測図

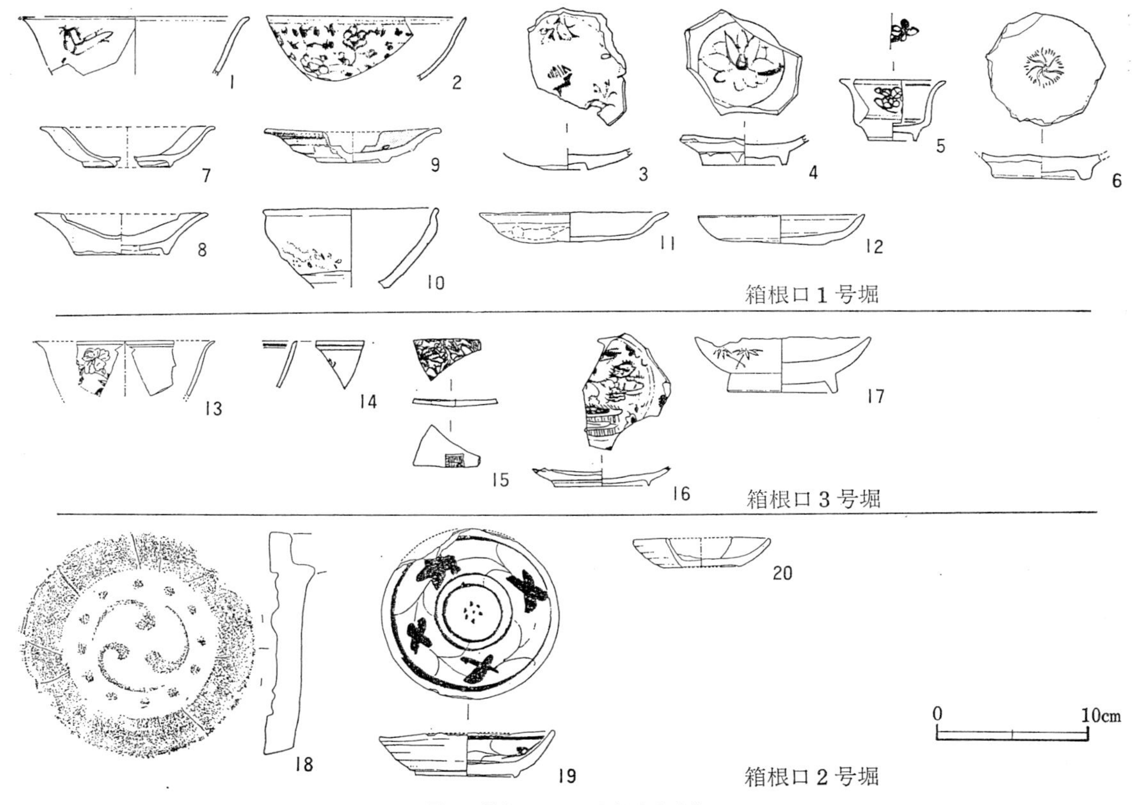

図３　箱根口 1〜3 号堀出土遺物

細線で輪郭線を描き，その内側を染め濃みするいわゆる万暦様式の中国染付である。この染付は中国の万暦年間に盛行するもので，八王子城や山中城では最も多く出土しており天正期の指標となるもので，16世紀末天正年間に位置づけられる。

２号堀　幅約16m，深さ5.5mで東西方向に走行をもつ。法面の角度は約40〜50度を計り，堀底の幅は約3mである。

覆土は最下層に灰色粘土層の薄い堆積(15cm 程度)があり，水中堆積したことを伺うことができるが，その上層は多量の搬入土により埋め立てられている。遺物は多量の瓦（図3—18）をはじめ，漆器碗，志野皿（19・20），灰釉皿などが出土した。これらは17世紀初頭に位置づけられる。

（２）江戸時代の城絵図に描かれていない三つの堀

これら３つの堀はそれぞれが多様な問題を投げかけている。

１号堀は陶磁器の年代から16世紀前半に位置づけられた。この頃は従来の見解によれば，北条早雲が大森氏を追って，小田原城を奪取し，二代氏綱と城主が交替した頃に当たり，城域は大森氏時代の八幡山丘陵までか，あるいは現在の二の丸の範囲まで拡大していたかと考えられている時期に当たる。少なくとも，この１号堀の存在は比較的早い時代に箱根口一帯を城域に取り込んでいった一つの証となる遺構であり，従来の小田原城の発達史に疑問を投げかけることとなった。このことは，調査地東 100m に位置する本町小学校遺跡の調査結果でも追認できる。ここではＶ字溝に囲まれた建物跡や方形竪穴状遺構が検出されており，これに伴う陶磁器から16世紀初頭に位置づけられるものであった。

次に３号堀は出土遺物に万暦様式の中国染付が存在し，志野・唐津は認められないため，16世紀末の天正期に位置づけられた。

天正期の小田原城は永禄年間に武田氏，上杉氏の相次ぐ来襲を受け，元亀元年 (1570)〜天正元年 (1573) に低地部三の丸外郭の普請を行ない，引き続き，山地部三の丸外郭を天正10年 (1582) 頃に完成する。さらに天正18年 (1590) 豊臣秀吉の小田原攻めに際しては城下を取り囲むように周囲 10km

図 4　二の丸中堀の障子堀（左側は近世石積と中央は近世の堀底と重複）

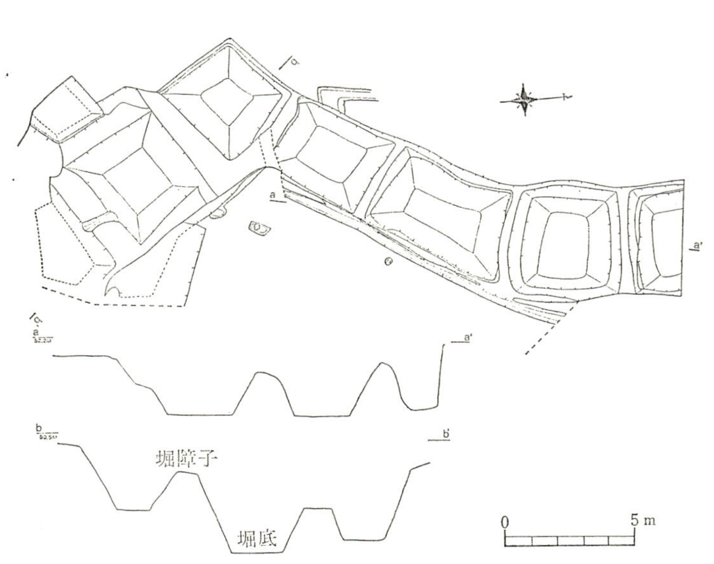

図 5　字八幡山枝堀の障子堀（杉山1985を一部改変）

図 6　箱根口 3 号堀陣笠出土状況

にも及ぶ大外郭（総構え）を完成する。このように天正期の18年間は三の丸外郭の整備，大外郭の構築と時が天下統一へと急転するまさに動乱の時代に当たる。3 号堀から出土した陣笠や小札はまさしく戦国期であることを強く感じさせる。ところで，障子堀（軍学書「兵法神武雄備集」などには堀内の敵あるいは堤状の仕切りを「障子」といい，この障子を持つ堀のことを「障子堀」という）は小田原城を初め，三島市山中城，長泉町長久保城など後北条氏の城に多く検出されている。小田原城では二の丸中堀（図 4）や字八幡山枝堀[3]をはじめ（図 5），現在までに 8 地点（三の丸以内では 6 地点）が確認されている（図 1）。この中で，現在までに確認されている障子堀のうち，鍛冶曲輪北堀，新堀は文献史によって天正10年までに，大外郭は天正18年に構築されたものであることが推定されているが，具体的に検証されるということはなかった。しかし，3 号堀では障子堀の（存在した）年代を出土陶磁器の編年という考古学的方法によって初めて天正期に位置づけることができた。また，このことは三の丸内の本町 1 丁目内の調査で検出された障子堀についても同様に確認されている。この堀は万暦様式の中国染付を含むかわらけの廃棄面を切って構築されており，天正期以降に構築年代を特定できる。

このように陶磁器による年代観と，後北条氏による障子堀の構築が天正18年（1590）までという文献史からの成果を併せて考えると，障子堀は天正期に盛行するというとりあえずの押えができそうである。

最後に2号堀は志野が出土しており，この年代観から17世紀初頭に位置づけられる。覆土は水中堆積を示す灰色粘土層はわずかに15cm程度であり，堀としての存続期間が極めて短期間であったと推定できる。また，その上層の覆土は一度に埋め立てられた状況を示し，その中には多量の瓦が含まれていた。このことは堀が構築され，短期間の存続の後，瓦を多量に含む搬入土によって一気に埋め立てられたと推察される。17世紀初頭は大久保忠世（ただよ），大久保忠隣（ただちか）が小田原城の城主であった時代であるが，慶長19年（1614）に大久保忠隣が改易となる。この時，徳川家康，秀忠によって小田原城の門や櫓，石垣の一部が取り壊されている。この堀はこの改易に伴う小田原城の破却の状況を示すものではないだろうか。

2　小田原城における陶磁器の編年

以上，近年の調査から小田原城の変遷などに関して考古学的手法による成果を紹介した。やはり城郭研究においても，遺構の層位的な捉え方と，遺物の型式学的な捉え方，すなわち，層位と型式があくまでも基本であるといえよう。ここで，こうした諸成果に基づいて把握された小田原城における陶磁器の変遷について簡単に紹介しよう。

筆者らは小田原城および城下から出土する中世末から近世にかけての陶磁器群を特定の新出陶磁器の出現をもって大きく5期に大別する時期区分を行なっている[4]。この時期区分は偶然ではあるが小田原城の城主の交替や城の縄張りの変更を画期とした小田原城の歴史的変遷とよく合致することがわかり，遺構の年代的な位置づけやその性格などを検討するにあたり極めて有効な手段となっている。

これまでの検討の結果，消費地遺跡である小田原城および城下において，その時期区分の指標となる新出陶磁器は，Ⅱｂ期の万暦様式の中国染付が元亀元年（1570），Ⅲ期の志野・唐津が天正18年（1590），Ⅳ期の伊万里が1630年代，Ⅴ期の伊万里くらわんか手が1690年代以降にそれぞれ出現すると考えることができそうである。各期はそれぞれ，Ⅱｂ期は元亀元年より始まる小田原城の三の丸外郭造営，Ⅲ期は天正18年（1590）の後北条氏滅亡および大久保氏入城，Ⅳ期は寛永9年（1632）稲葉氏入城とともに開始される小田原城の近世化工事に，Ⅴ期は貞享3年（1686）大久保氏再入城以降の小田原城および城下に変化がほとんど認められない安定期にそれぞれ対比が可能である。これに従えば，さきの箱根口1号堀はⅡａ期に，3号堀はⅡｂ期に，2号堀はⅢ期にそれぞれが位置づけられる。

こうした小田原城および城下における陶磁器の変遷が捉えられるようになったことは，近年の発掘調査の最大の成果である。これによって，発掘調査で検出された遺構の年代的位置づけが容易となり，小田原城および城下の歴史的変遷を再構成するための端緒が開かれるであろう。

3　おわりに

小田原城は城を囲み城下町が形成されており，それは小田原宿の宿場町としての性格も併せて持っており，いうなれば16世紀から19世紀までの長い間継続した都市遺跡である。

今後は堀，土塁さらには曲輪といった城郭遺構そのものに限らず，武家地，町屋といった三の丸やその外にも広がる遺構の調査を継続して行ない小田原城との構造的な関係や，両者の質的な差異についても検討していかねばならないであろう。

本稿は塚田順正，大島慎一の両氏との日頃からの検討をもとに執筆したものである。両氏に深く感謝する次第である。

註

1）田代道弥「小田原城」『日本城郭大系』新人物往来社，1980
　小田原城郭研究会「小田原城古絵図集」『小田原市郷土文化館研究報告』13，1977
2）諏訪間順「小田原城三の丸（大蓮寺排水路改良工事内）の調査」『第11回神奈川県遺跡調査・研究発表会発表要旨』1987
3）杉山博久『埋もれた小田原城ーその中世遺構を掘るー』小田原考古学研究会，1985
4）塚田順正・諏訪間順・大島慎一「小田原城及び城下における陶磁器群の変遷」貿易陶磁研究，8，1988

八王子城（武蔵）

八王子市教育委員会
新藤康夫
（しんどう・やすお）

北条氏の支城・八王子城の調査で巨石を利用した堅固な虎口遺構が
検出されたことから大規模な普請が行なわれていたことがわかった

八王子城跡は，東京都の西部，八王子市元八王子町三丁目および下恩方町に位置する戦国時代末期の城郭である。俗に後北条氏と呼ばれる小田原の北条氏の支城であり，その城主は第三代当主北条氏康（うじやす）の子，北条氏照（うじてる）である。氏照は後北条氏一族の重鎮として，中心的な活躍をしたことが知られており，天正期からは下野榎本・小山，下総古河・栗橋の諸城をも併有している。

北条氏康は関東南半を制圧，その結果拡大した領国内の要衝，すなわち支城には一族を配するが，氏照は西武蔵に勢力を振るっていた大石氏の名跡を継承する。すなわち，大石定久の婿として滝山城（八王子市高月町・加住町・丹木町）に入城し[1]，滝山城を中心とする支城領内のみに通用する「如意成就」という印判状を発給し，在地支配を強化していった。

その後，氏照は居城を滝山城から新たに築いた八王子城に移しているが，その動機については明らかになっていないし[2]，まれにみる大城郭を構想していたらしい氏照の意図は謎とされている。また，八王子城築城の時期についても諸説あり[3]，確定するには至っていない。いずれにしても，氏照が八王子城に居城を移した時期については，氏照文書の発給地が滝山から八王子に変わる天正12（1584）年から天正15（1587）年の間[4]，すなわち天正の末年と考えられている。そして，天正18（1590）年6月23日，豊臣秀吉の小田原攻めの一環として，前田利家・上杉景勝ら北国勢の猛攻を受け，小田原に籠城中の城主を欠いたまま，わずか1日で落城してしまうのである。

1　その後の八王子城跡と調査経過

八王子城の落城が小田原の開城を促し，ここに戦国時代の幕が降りるわけである。さらに天正18年8月朔日徳川家康が関東に入国，武田旧臣大久保長安の差配によって新たに現在地に八王子の市町が建設されることになった。八王子城は廃城となり，「元八王子」という地名のみを残すことになった。八王子城の大半は幕府の御用林となり，現在では国有林となっている。

その後八王子城跡は，まれにみる城郭の広さと，保存状態の良好なことから，1951年滝山城跡とともに国の史跡に指定されている。さらに隣接地の開発に伴って3回の追加指定を受け，現在約154万 m^2 という広大な範囲が史跡に指定され，保護の対象となっている。

一方，1970年代に住宅の新築などによって史跡内の現状変更が急増したため，1977年度より国・都の補助金を得て遺構確認調査を継続して行なっている。家臣団の屋敷跡や寺院跡の伝承地を含む根小屋地区において実施したものであるが，これまでに地割りを示す区画と道路状遺構，竪穴状遺構，井戸などが検出されている。これらの分布や主軸方向から見ると，根小屋地区全体に一定の規則性に基づいた地割りが行なわれていたことが推定される。

ところで，1990年は八王子城が天正18（1590）年に落城してから400年にあたる。落城が契機となり，現在地に八王子の街が創設されたことから，八王子市は各種の記念事業を計画している。史跡八王子城跡の環境整備もこの主要事業のひとつに挙げられ，1986年度より『基本構想』『基本計画』を策定している。発掘調査も整備事業の一環で行なっており，今回報告するものは1987年8～11月に実施したものである。

2　検出された遺構

発掘調査を実施した個所は，慶安元（1648）年銘の八王子城古図に「北条陸奥守殿御主殿」と記載されているところにあたる。城主北条氏照の居館跡と見られるところで，今後の整備計画の中心に位置づけている。

当該地は海抜460mの要害部より比高200m下位に設けられており，南北約40m，東西約100mの土塁に囲まれた削平地となっている。

調査は御主殿の入口部分（虎口）から城山川に掛

かる曳橋の橋台部にいたる範囲を完掘し，御主殿内部の平坦面についてもトレンチ調査により遺構確認を行なった。

御主殿の入口部は予想以上に遺存状態が良好で，橋台部を除くと，ほぼ虎口（こぐち）の構造を明らかにすることができた。一般に，城や城内各郭の出入口は虎口と呼ばれ，厳重な防御と，さらに攻撃の拠点となるような工夫がこらしてあった。御主殿の虎口は，土塁に囲まれた幅約5mの通路が「コ」の字形に折れ曲る桝形構造を呈している。桝形とは，土塁で囲った四角い区画が桝に似ていることからそう呼ばれているものである。桝形虎口は，城内から左へ曲って外へ出るものは「左前」，右へ曲って出るものは「右前」と呼ばれている。当時，弓を引く左半身で進むことができることから，左前は城方が出撃するのに都合が良く，逆に攻める側には不利なため，左前にするのが良いとされていた。八王子城の場合は右前となっており，興味深い。

通路には橋台部に続く部分を除いて全面に石が敷かれている。高低差は約9mあり，この間が3カ所の階段と2カ所の踊場から構成されている。これを御主殿側（城内）から見ていくと，7段の階段，踊場を経て右へ曲り，13段の階段，長さ約11mの踊場へ続く。さらに6段の幅広の階段を下り，再び右へ直角に曲り石の敷かれていない通路を下がりながら，橋台部へと至る。

入口最上段では，土塁に接する部分から柱の礎石と思われるものが検出されている。これは角柱状の2本の石を枕木のように並べた上に乗せられていたもので，対になる部分（北側）は攪乱のため確認できなかった。桝形虎口の内の門として冠木門が想定される。

続く7段の階段は遺存状態はあまり良くなかったが，間口は下段で4.7m，上段で5.5mと御主殿に向かって広くなっている。各段の奥行（踏面）は1.1m，各段の高さ（蹴上げ）は約30cmを測る。

踊場は東西6m，南北5mの規模で，南側が流失している。西側の階段に接する部分に大きめの石が敷かれている他はほぼ平均しており，扁平な石が用いられている。踊場北東部では，石垣直下に側溝が設けられている。排水のためのものと考えられる。以上の階段から踊場へと続く部分の北側は，石垣の遺存状態が悪い。当時はその上に土塁が構築されていたと思われるが，崩落したらしく，多量の土砂や石が堆積していた。

13段の階段は，比高約5m，階段全体の傾斜は20度である。中央部は流失しているが，両側の石垣に近づくにつれ良く遺存している。間口は下段で5.1m，上段で6mとやはり上に向かって広がっている。踏面は0.9〜1.1m，蹴上げは約40cmである。7段の階段と比較すると，やや狭くて急な階段となっている。

次に続く踊場は東西5m，南北11mと大規模なものである。この踊場では，南半部分で4カ所の礎石が発見されている。礎石は敷石面より約10cmほど高くなっており，周囲に石が敷かれていないのが特徴である。礎石間の距離は東西4.5m，南北3.6mで，これを基礎とする四脚門のような施設が予想される。事実この部分からは炭化物が多く確認されたり，敷石がよく焼けており，上屋施設の焼失を物語っている。桝形虎口の外の門ということになる。この踊場でも側溝が東西両側で，階段下から北側の礎石までの間に確認されている。

踊場に続く6段の階段は間口約8mと広くなる。これは東側に張り出すためで，これに続く通路部分も含めて，武者溜のようなものか，あるいは対岸を進んで来る敵に横矢を掛けるための施設などと考えられる。いずれにしてもこの部分の遺存状態はあまり良好ではなく，性格は不明と言わざるを得ない。階段の踏面はほぼ1m前後，蹴上げは30cmである。

この階段を下りて西へ進むと橋台部へ至る。この間の通路部分には他と異なって石が敷かれていないが，堅くつき固められている。通路の南側はおそらく土塁が存在していたと思われ，土留めの石垣が確認されている。北側も石垣が一部確認されているが，大半は上方の土塁も含めて崩落しており，大量の土砂で覆われているためこれ以上の追求は今回は断念せざるを得なかった。この通路は間口約4mで，西に向かって緩やかに傾斜している。

橋台部は石垣の崩落が著しいため未発掘であり，今後の調査を待たなければならない。今回の調査では通路面より高さ1.6mの南西に続く石垣が検出されており，また，橋台部の西側でも南東に続く石垣が確認されていることから，東西を石垣で築かれた台の間を抜けて左折し，橋を渡る構造ではなかったかと推定される。

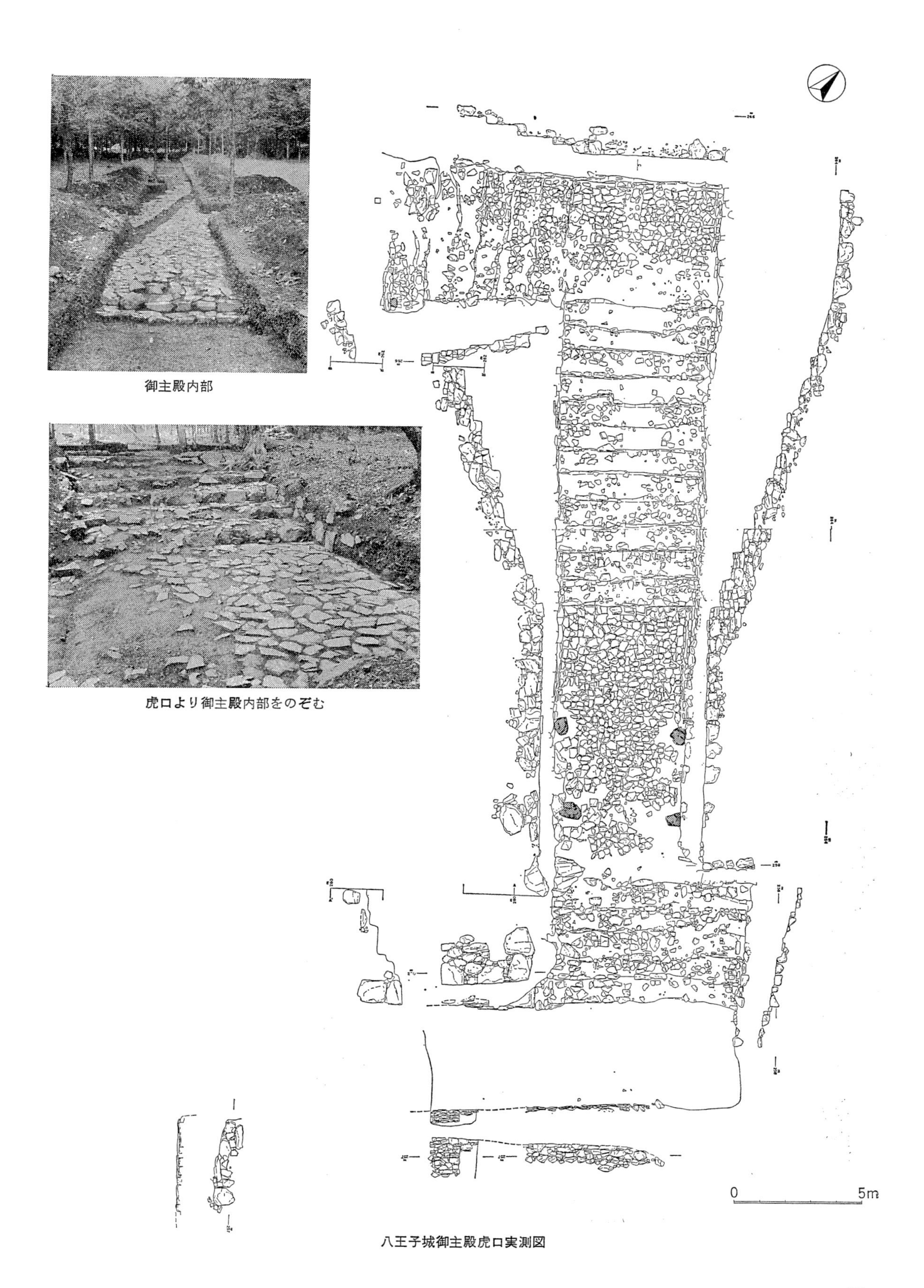

御主殿内部

虎口より御主殿内部をのぞむ

八王子城御主殿虎口実測図

以上，通路各部分について見てきたが，その両側には高さ2m前後の石垣が築かれている。土塁を支える基礎といった機能をもつものである。石の大きさは一定していないが，御主殿の南東隅にあたる部分には，一辺が1.1mもの大きな角石が配されている。石垣や裏込めに用いられた栗石は，すべて砂岩である。これは城山一帯に産するもので，小塊に割れやすい性質をもっている。いずれにしても，石垣の構築方法を追求するために，切開調査が必要であると考えている。

御主殿内部については，試掘調査の結果，西側に寄ったところから大型の礎石建物跡などを確認することができた。トレンチ調査のため礎石建物の全容は不明であるが，今回検出された14基の礎石から間口11間，奥行6間程度の規模と推定される。この建物に平行する石敷の通路，雨落溝，さらに直交する溝も検出されている。トレンチ北側では，北端の礎石の先に直径1〜2cmの玉石が敷かれ，さらにその北側には立石などが検出されており，庭園遺構の可能性も考えられる。

この礎石建物の範囲は土がよく焼けており，火災に遭っていることがわかる。炭化穀類や焼けた壁土も多量に検出されている。

3 出土遺物

遺物の総点数は3,100点で，大半は礎石建物内部およびその周辺から出土したものである。舶載磁器類では，とくに染付，白磁が目立つ。染付は呉須が鮮やかな青色に発色したものが多い。その他に舶載品として，李朝の平茶碗と長頸壺と思われる破片が出土している。

国産陶器類では，日常雑器としてのカワラケの出土が多い。胎土は均一，薄手で焼成も良いという良質のものである。この他は瀬戸・美濃製品が多いが，大窯Ⅲ期の灰釉内面釉剝ぎ皿，志戸呂の鉄釉皿，多量の大皿といった従来の根小屋地区の調査では見られなかったものが出土している。信楽の水指も1個体出土しており，茶道具の種類も富んでいる。その他石臼（ひき臼）や茶臼，弾の鋳型，ルツボなども出土している。入口部からは土弾が多く出土している。

礎石建物跡から検出された炭化穀類は，全体で約1kgにものぼる。大半は大麦（大部分はハダカ麦）であることは，大変興味深い。まず食用に供されたものであろうが，味噌の製造にも欠かせないものであったろう。その他に少量の小麦・米・大豆・アズキ・アワが検出されている。文字どおり五穀が出土しており，戦闘に備えてあわただしく集められたものであろう。

4 成果と課題

従来，八王子城に関しては，築城後間もなく，しかも未完成のまま落城したとみられていた。今回の調査では，巨石を利用した堅固な虎口遺構が検出されたことから，城主の居館は大規模な普請が行なわれていることが明らかになった。防御施設としての機能に加えて，城主氏照の権力を誇示するかのような，一種の威嚇的な色彩をも感じとれるのである。

また，御主殿内部でも，良好な形で遺構が残されていることが明らかになった。今後の調査によって，居館内部の建物配置や空間利用のしかたを究明できる可能性が出てきた。

今後の史跡整備にあたっては，当時の御主殿への導入形態，すなわち城山川南岸に残る古道から曳橋を渡り，今回報告した虎口を通って御主殿へ入るルートを復原していきたい。

その目的に沿って1988年度は，城山川対岸（南岸側）の橋台部，および古道の確認調査を計画した。橋台部は北側の石垣は流失しているが，東西両側に高さ1〜2mの石垣を検出し，その南西側では石垣の天端をおさえることができた。また，古道については，橋台付近で一部その痕跡らしきものを確認，現在調査を継続中である。

註

1) その時期は文書の発給から永禄2（1559）年前後，氏照20歳頃と推定されている。
   下山治久「滝山城から八王子城へ」『八王子城』八王子市教育委員会，1983
2) 一般には，永禄12(1569)年10月，武田信玄率いる大軍に滝山城を包囲され，落城寸前まで猛攻を受けた（『甲陽軍鑑』）ことが，氏照に新城を決意させたとされている。
3) 八王子城築城の時期については諸説あるが，『八王子市史』によれば，主として(1)元亀から天正初年説（1570〜1575年頃），(2)天正6（1578）年前後説，(3)天正18(1590)年の落城に近い頃とする3説がある。
4) 杉山　博「滝山城から八王子城へ」多摩のあゆみ，10，1978

武田氏関係城（甲斐）

帝京大学山梨文化財研究所
萩原三雄
（はぎはら・みつお）

武田氏関係の城には勝沼氏館のような日常性を物語るものと，笹尾・中山・古城山城のような非日常的性格をもつものが存在する

戦国期における甲斐武田氏関係の城館跡の調査研究は，1973年に始まる勝沼氏館跡を嚆矢とする。この館跡は山梨県東山梨郡勝沼町に所在し，1977年までの7次に及ぶ発掘調査によってその大要を知ることができ，現在国の史跡に指定されて整備が行なわれている。

この館跡の発掘調査以後，北巨摩郡小淵沢町笹尾砦址，同武川村中山砦址の学術調査が相次いで実施され，城館跡の研究が飛躍的に進展することになった。ここでは勝沼氏館跡の調査とそれ以後の戦国期城館跡の発掘調査の成果のいくつかを簡単に紹介し，今後の課題を探ることにしたい。

勝沼町を東西に蛇行する日川の右岸の急崖を利用して築造されている勝沼氏館跡は，東西90m，南北60mの主郭を中心に，二の郭・三の郭が付設し，大規模な複郭形式を採る典型的な戦国期の城館跡である。また，主郭をとりまく格好で二重の堀をめぐらし，その間に土塁を併設している。調査によって土塁は数次の修築が考えられており，しだいに強固な土塁へと発展していった様子もうかがわせている。主郭内は，少なくとも三時期の変遷が認められ，発掘調査はその上層遺構を中心に実施されていった。主な出土遺構は，23棟に及ぶ礎石を用いた建物址と，その間を縦横に走る水路址や水溜址で，戦国の武将の生活をにじませる遺構群である。出土遺物も比較的豊富で，瀬戸美濃系の灰釉陶器を始め各種陶磁器，カワラケ（土師質土器），刀子・カナヅチ・鋤先・釘などの鉄製品，茶臼・硯などの石製品，刀装具の切羽・鉄砲玉などの武具類，六器の台皿などの宗教用具，古銭など多種多様に及ぶ。

この館跡は，『甲斐国志』などにより武田信玄の父信虎の同母弟次郎五郎信友の館と伝えられ，地元の地誌や伝承などにもうかがえる。信友は，峡東地方の支配と郡内方面に対する目付としてこの地に館を構えたと言われ，したがって政治的にも軍事的にも極めて重要な役割をこの館は担っていたものと思われる。

さて，数次にわたったこの発掘調査は，従来文献史学を中心に展開されていた戦国史研究に新たな視点と多くの考古学的成果をもたらし，とくに戦国期の人々の日常生活の具体像を目のあたりにすることができたのはこの分野の研究に強い説得力をもつことになった。また，軍事的な拠点たる性格をもつ城館址であるにもかかわらず，出土する遺構や遺物は日常的，生活的な諸様相を帯びていることや，主郭をとりまく土塁の他にもかつてはいくつもの土塁や堀などの防御施設が張りめぐらされていることなどが確認され，発掘調査が中世戦国期の城館址研究にとって欠かせないことが認識されたが，一方では表面観察による縄張研究の限界をも知らされることになったのである。

1978年には笹尾砦址，続いて81年には中山砦址が発掘調査され，軍事的色彩の濃い山城の具体的な状況の一端が把握された。この両者の堅固な土塁や堀切に囲繞された郭内部からは生活用具の出土がほとんどであったが，その量は極めて少なく，勝沼氏館跡に見る日常性に反し，非日常的・臨時的施設という性格を浮かびあがらせている。1987年8月に実施された市川大門町の古城山城址の調査でも，堅固な遺構群やすぐれた縄張をもつ山城にもかかわらず出土遺物は希薄で，先に述べた傾向は一致している。この城址は，甲府盆地と県南の河内地方を結ぶ接点付近にあり，領国経営上重要な位置を占める城館であるが，常時多くの兵力を配置した形跡は見当たらない。こうした特質は，山城は軍事的緊張時を中心に使用されるという非日常性を端的に示しているのであろう。

武田氏の本拠地である躑躅ヶ崎館も，現状変更や遺構確認のために小規模な発掘調査が繰り返され，礎石や水路址などが断片的に確認されている。ところで，この館の東・南・北方面に通ずる虎口部分は武田氏関係の城館跡に顕著な特徴として見られる枡形形式を呈しており，武田氏の築城技術を探る上で欠かせない施設であるが，近年長野，愛知などの武田氏侵攻地域の城館でも注目さ

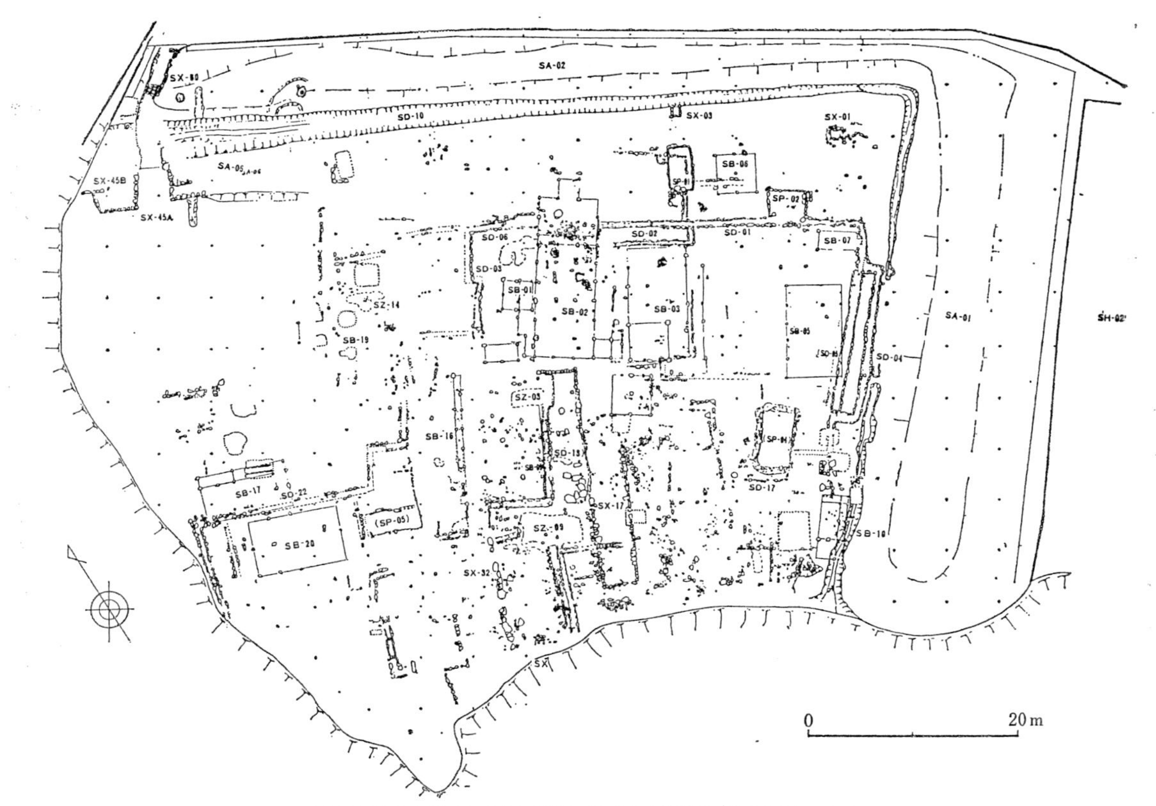

国史跡勝沼氏館跡内郭部遺構図（『勝沼氏館跡調査概報Ⅱ』より）

れ，桝形虎ロの分布域と構造がしだいに明らかになりつつある。

長野県上水内郡信州新町にある牧之島城は，永禄年間に武田氏の有力家臣馬場信房が守備していた要害堅固な城館で，『千曲の真砂』にも「或軍師曰，牧之島城ハ甲州流軍者甚秘の城取となすなり」とたたえられるほど，甲州流築城技術をよく伝えた城とされている。この城の本丸部分が1974年に発掘調査され，桝形虎ロが検出されている。虎ロを形成するカギ形の土塁や，礎石あるいは石列の状況などに桝形虎ロの構造が理解でき貴重な成果である。愛知県南設楽郡作手村の古宮（こみや）城も，馬場信房の築城と伝えられる城館で，主郭に通じる虎ロは桝形を形づくり，丸馬出とともに武田氏が虎ロを重視し，侵攻地の城館に積極的に採用していった姿勢がうかがえ大変興味深い。

甲斐府中防衛の一翼を担い，躑躅ヶ崎館や詰城の要害城と一体となって築造された甲府湯村（ゆむら）山城も1987年８月に発掘調査された。甲府市史編さん事業の一環で，遺構確認を目的とし部分的な調査にとどまっているが，いくつかの新たな所見が得られている。その一つに，虎ロ部分の検出がある。主郭から三の郭方面に通じる北側に設けられ，従来は形状が明確でなかったが，調査によって部分的に石積みを用いた桝形が現われた。この施設の検出によって湯村山城の役割の重要性が改めて認識されることになったのである。

以上，武田氏の城館跡の発掘調査とその成果の一端を述べてきたが，数少ない調査事例からもしだいに戦国期の様相が明らかになりつつある。

ところで，これらの城館址は，一面では軍事的機能を保持しつつ支配拠点としての役割を果たしているが，しかしそれ以上に，中世戦国期における在地土豪層や周辺の人々の社会相が秘められているのが理解できると思う。勝沼氏館跡に見た日常性を物語る諸遺物も多くの内容を語るであろうし，また笹尾・中山・古城山の各山城のもつ非日常的性格も，それらが誰の手によって支えられ，あるいはどの階層が維持経営していたのか問題を投げかけている。要するに，これらの城館の多くはそれぞれの地域の日常の生活と社会構造を鋭く反映しながら存在しているのであり，こうした認識を前提とした追究が今後の城館址研究にますます重要になると思われるのである。

郡山城（安芸）

広島県教育委員会
小都　隆
（おづ・たかし）

郡山城は戦国の山城として発展しながら政治性が強く，とくに毛利輝元の時代には中国地方を治める城として周辺を威圧した

毛利氏の居城として知られる郡山城跡は，広島県高田郡吉田町吉田にある。昭和15年に史跡に指定されているが，その後の社会情勢の変化は指定地域の拡大や，関係城跡の追加指定を検討させることになり，昭和63年には，毛利元就の育った多治比猿掛城跡をあわせた約60haが，史跡毛利氏城跡（郡山城跡・多治比猿掛城跡）として，追加指定および名称変更された。吉田町教育委員会では，この作業に平行して史跡毛利氏城跡の適切な保存と管理を期すため，保存管理計画を策定することになり，両城跡の1,000分の1平面図作成を行なうとともに，文書や地誌，絵図などの文献や出土遺物などの基礎調査があわせて行なわれた。その成果は報告書に記されたとおりである。

1　文献からみた郡山城跡

毛利氏が安芸吉田荘を得るのは承久の乱（1221）以後とされ，実際に吉田荘に下向するのは時親のとき，建武3年（1336）である。この時の城は明らかでないが，暦応4年（1341）の毛利實乗書状（毛利家文書14）では，時親の後を継いだ元春が「郡山殿」と呼ばれており，元春が郡山の一画にいたことがわかる。しかし，その後も毛利氏の城は吉田城と呼ばれており，大永3年（1523）の毛利元就郡山入城日記（毛利家文書246）まで郡山城の名称はでてこない。また，城の内容についても，後に郡山城内にくみ入れられる満願寺，興禅寺などがそれぞれ独立した寺院として記されていることなどからすると，それまでの郡山城は，郡山の東南端にある支尾根の「本城」といわれる部分であったことが想定できる。元就入城後，天文9年（1540）には尼子詮久（晴久）の軍3万が郡山城を攻め，吉田盆地をはさんだ青山に布陣するが，この時城下には祇園縄手，広修寺縄手などの街路があり，町屋があったこと。また，城には兵，農民あわせて8,000人が籠ったとされることから，郡山に入城後10数年のうちに郡山城を東南端の本城から背後の頂上部を中心とした一帯に城域を拡大したことがうかがえる。

この後，元就は大内氏のもとで山陰に出兵（天文11年～，1542），小早川氏へは3男の隆景（天文13年），吉川氏へは2男の元春（天文16年）と，それぞれ養子縁組し，神辺城をはじめとする芸備攻略，大内氏に代った陶氏との厳島合戦（弘治元年，1555）や周防の攻略など，安芸国外での戦乱にあけくれ勢力を拡大するが，この頃の城内の記録はない。

永禄年間の元就書状によると，元就は自身のことを嵯とよび，隆元は尾崎殿の表現があり，他に尾崎局，中の丸殿などが城内にいたことがわかる。とくに永禄10年（1567）の平佐就之あて元就自筆書状（毛利家文書548）によると“家臣の赤川元保と談合しようとして元保を呼んでも，耳が痛いといってこない。たまたま来るときは尾崎（隆元）のときはおれうの寺，かさ（元就）のときは桂元忠のところまでで，ついに上までこない”との記述があり，当時元就はかさ（嵯）と呼ばれ山上（本丸）にいたこと。この下に重臣桂元忠の預所があったこと。また尾崎には隆元がいて，その下におれうの寺があったことがわかる。この他，登城という語などからみても，元就は戦乱にあけくれたなかで，吉田に滞在するときは郡山城内，それも本丸に居たことが想定され，「春霞集」（毛利元就和歌連歌集，元亀3年）によると，その合間に城内の中の丸や興禅寺，満願寺などで和歌をよんでいる。つまり元就全盛時の居所は城下山麓ではなく山上にあったことがうかがわれる。

元就は元亀2年（1571）に没し，その後は孫輝元が継ぐ。輝元は吉川元春，小早川隆景の助力もあってさらに勢力を拡大するが，天正13年（1585）には豊臣秀吉との間に境目交渉がなり，以後は秀吉旗下の一部将として平隠がおとずれることになる。郡山城はこの頃最終的な改修がなされたものと思われ，城下の整備もこの頃行なわれたらしい。それは天正16年（1588）に輝元の出した城下の掟でもわかる。さらに同年7月～9月，輝元は上洛するが（天正記：輝元公上洛日記），帰国後広島へ

の移城を決意，翌年には鍬始め，同19年には広島城へ移っている。慶長5年（1600）の関ヶ原合戦の後，安芸国へは毛利氏に代って福島氏が，さらに元和5年（1619）には浅野氏が入るが，浅野氏は寛永8年（1631）郡山を藩の御建山としている。したがって以後の改変はなく現在に至っている。

2　郡山城跡の遺構

郡山城は，安芸吉田荘の北を画す郡山（標高390m，比高190m）を利用した山城である。郡山は東西1.3km，南北1kmの独立丘陵状をなし，東，南側は可愛川およびその支流である多治比川によって画される。

城の遺構は，頂部の本丸を中心にそれからのびる尾根上に広がり，自然地形をうまく利用して計画されたことがわかる。構造的には，(1)頂部付近の高まりを道や堀切などにより区画して本丸などをおいた中枢部，(2)中枢部から周囲にのびる尾根上を，西側の谷や背後を堀切って区画した内郭部，(3)内郭部から派生した尾根を利用し，それぞれを独立的に配置した外郭部，(4)さらにそれらを大きく包む山麓の堀までの周縁部の，4重構造に計画されていたことがうかがわれる。

中枢部郭群は山頂部を利用したもので，本丸・二の丸・三の丸ほかからなる。内郭部からは5～20mの比高差があり，さらに石垣などで急崖としていることから独立性が強い。現在でも高さ2～5mの石垣がみられることから，総石垣づくりであったことが考えられる。本丸は一辺約35mの方形をなし北端に櫓台をもつ。二の丸は本丸よりやや小さいが，三の丸側に入口を開いた築地の基礎と考えられる石塁が周囲をめぐっており，内部に建物があったことが想定できる。三の丸は城内最大の郭である。内部は石垣，石塁などで4分割し，その西側には石垣や石塁で虎口郭をつくる。虎口郭からは本丸，二の丸の西北麓をめぐる帯郭への階段が石垣のなかに組込まれ，近世城郭的な様相をみせている。なお，二の丸・三の丸からは輸入

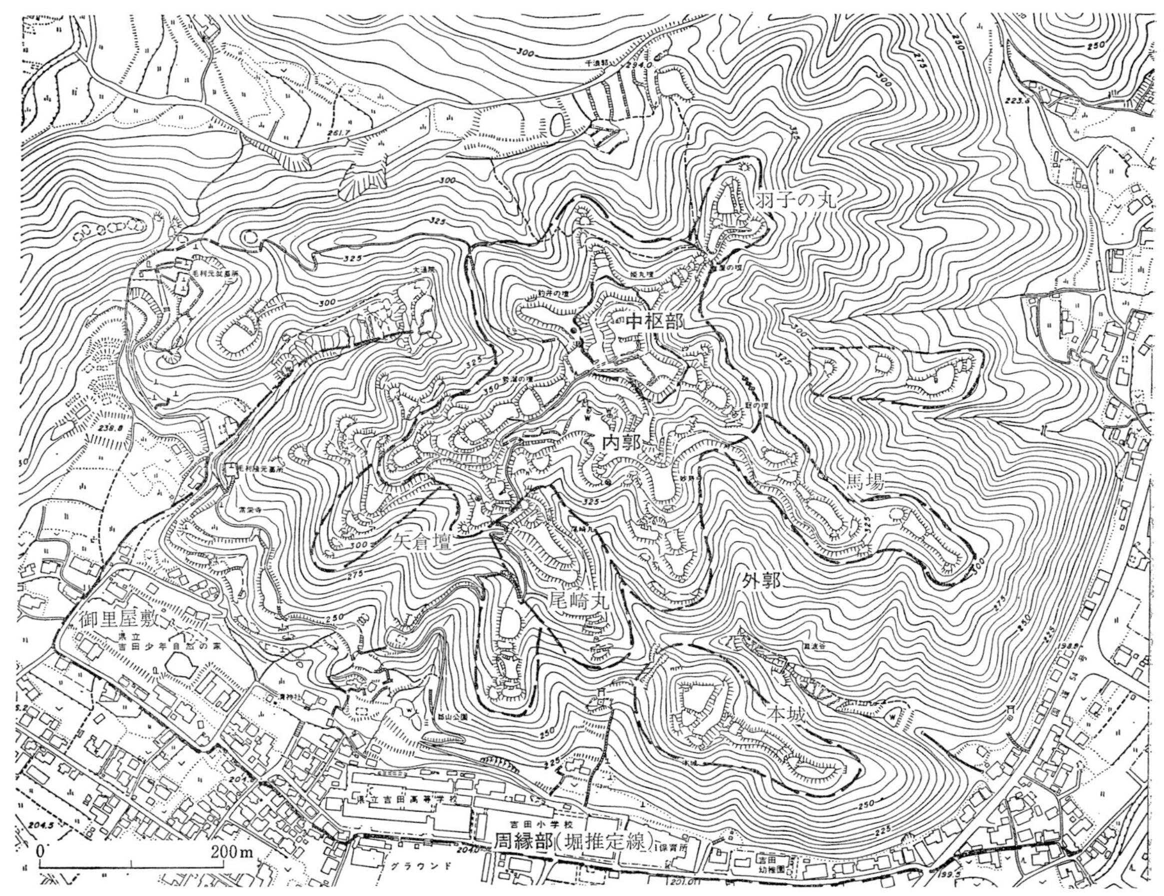

郡山城跡平面図

陶磁・備前焼などの陶磁器，皿・鉢・鍋などの土師質土器，瓦が採集できる。

中枢部郭群からは6本の尾根がのび，内郭を構成する。北から東まわりで釜屋壇（6段），厩壇（11段），妙寿寺壇（13段），勢溜壇（10段），釣井壇（1段），姫丸壇（7段）がならぶ。それぞれの基部は中枢部郭群を囲む通路で輪状に結ばれ，中枢部を守る。それぞれの郭の端部は切り落すか，その先端部との間を堀切で区切って，周囲からの独立性を強めているが，これら相互には通路がめぐり，独立しながらも連携して二重の防禦体制をしいている。ただこの内郭には，部分的に石塁がみられるほかは石垣はなく，基本的には土造りで中枢部とは造りを異にしている。なお，中枢部の正面直下に満願寺壇（6段）があるが，これは面積も広く，石垣造りの溜池を2カ所もつなど，単なる寺というより中枢部と密接な関係をもっていた郭と考えることができよう。

内郭のほかにも多数の郭があり，外郭を構成する。南側正面では勢溜壇の先端に矢倉壇（8段），一位の壇（10段），勢溜壇を堀切で区切って独立させた尾崎丸（17段），さらにその先端が独立した本城（16段）があり，東側では厩屋壇の先端に馬場（9段），背後には釜屋壇の先端を堀切で区切って独立させた羽子の丸（8段），さらに背後の甲山との鞍部を守る千浪郭（3段）がある。これらに特徴的なことは，主要な郭の背後を堀切などで区切り，独立しうる構造としたことで，それぞれはその内部に10〜20の郭をもち，中心には本丸的役目をもつ郭をおいている。なかでも本城は，尾根背後を3重の堀切で画し完全に独立しうる構造をなし，中世の軍艦型の山城の形態を残しており，元就入城以前の姿をとどめているともいえる。隆元の居所である尾崎丸は，背後を2重の堀切と土塁で画し，長大な郭を中心に独立性をもたせている。また，北の守りである羽子の丸も，中枢郭からは鬼門の方向にあり，北方の可愛川下流への見張りとともに本丸が落ちたときの詰の丸として独立性が強い。ただ，本城を除いてはいずれもそれぞれの郭の内を経由しなくてもその先端部に到達するよう内郭からの通路が続いており，それぞれは独立しながら互いに連携をもった構造であったことがわかる。

江戸時代後半期の絵図によると，これら山上の郭群のほか，南側山麓には大通院谷から御里屋敷をめぐり，山麓をとりまく堀が描かれている。これは現状の地形でもほぼその痕跡をたどることができることから，輝元時代の城下町形成時頃には堀もつくられたことが想定される。すなわち広義での城域は，南側ではこの堀ということになり，東は可愛川，北は甲山との鞍部が境となる。となると前面に比べ背後の守りは手薄である。

次に城域については，内，外郭ともに大通院谷で区切られ，その西には妙玖庵，洞春寺，東には常栄寺があり，大通院が毛利氏の墓所であったことから考えると，広義には城内としても，毛利氏にとっては墓所のある聖地として扱われていたことが考えられる。

なお，館については，大通院谷入口の東西200m，南北100mの微高地が御里屋敷とよばれ屋敷跡と伝えられている。城と聖地との境界にあり，しかも氏神社である清神社に隣接することからすればこの伝承は妥当と思われる。このほか，堀の外には，清神社と郡山城本丸とを結ぶ線の延長線上を基点とした街路（祇園縄手）を中心に，それと平行して350m間隔で香取縄手，順礼堂縄手など4本の街路が作られ，それと直交しては城下を東西に貫く竪縄手がみられるなど，大がかりな都市計画に基づく城下町の建設が行なわれているが，これら山麓の遺構については元就時代に記録がないことから領国支配の安定した輝元時代に作られたものと考えられよう。

3 まとめ

郡山城は独立丘陵状をなす郡山全域を利用した戦国時代の大規模な山城である。内容的には全体として一体化しながら，その部分部分が個別に機能した4重構造をなし，単なる戦国大名の城としてはとらえられない性格をもっていることが考えられる。

構造的には，本丸のある中枢部を独立させ，その周囲に堀切で画した主要郭群を配置した内郭をおき，外側にはそれぞれ独立しうる本城，尾崎丸，羽子の丸などの外郭を配し，さらに外縁を堀で画している。この形態は天正19年（1591）の広島城移城直前の姿であり，建武3年（1336）の毛利氏入城以来，大永3年（1523）の元就入城，改修をへて輝元に至る長い改修の歴史が凝縮されたものである。遺構からみると，総石垣は中枢部のみであり築地や石段，升形もここにしかみられないが，こうした技術は永禄年間以降に発達するものとされている。これらの遺構の年代については，元就はその生涯に280余度の合戦をしたといわれるほど合戦にあけくれており，とくに弘治元年（1555）の厳島合戦以後ではほとんど吉田にいなかったようである。元就晩年の永禄10年（1567）には，前年に尼子氏の富田月山城を攻め落したために一時の平隠が訪れ吉田に帰るが，この時の元就の生理的な環境を考えれば，毛利氏の将来をたくす幼い輝元のため城をより堅固に整備したことが考えられよう。それ以後では元就の死後，秀吉の旗下として安定した輝元の時，それも天正16年（1588）の上洛後の改修が考えられる。いずれにしても，中枢部は虎口を除くと構造的に単純であり，中枢部をとりまく内郭にもその周囲に堀切や土塁がみられるのみで内部には防禦的色彩が薄いこと，内部に満願寺，妙寿寺などの寺をもつことなどから，城といいながら実戦的なものより居住性が強まった時期に，外郭の要所に郭を配置し，堀をめぐらすなど，周囲に威圧感を与える大名のシンボル的存在として，近世城郭的発想のもとに改修，整備されたと考えられるからである。

城内の様子については明らかでないが，郡山城から移城した広島城については記録が残されている。毛利氏時代の広島城絵図（毛利家文庫「芸州広島城町割之図」）によると，御本丸を囲む内郭部分では一族の吉川，小早川氏のほか，福原，桂，志道，粟屋，国司，赤川，口羽など譜代の近臣が配置されており，これから考えると毛利輝元のいる中枢部を囲む内郭にはこれら譜代の近臣の預所があったことが考えられる。なお，江戸時代後期に描かれた「吉田郡山御城下古図」には，本丸周辺に桂左衛門大夫（元忠），宍戸左京介，国司右京（元相），粟屋右京（元親）などの近臣，本城に粟屋縫殿允（元忠），城外に吉川元春，小早川隆景の御宿が描かれており，広島城に類似した点が多い。つまり郡山城では毛利一族が中枢に，譜代の近臣が内郭に常住し，その一部が外郭の本城，羽子の丸などに詰めて城を守っていたことが想定され，通常の城と異なり居住性をもった城であったことが考えられる。

次に郡山城の性格については，弘治元年（1555）の厳島合戦以後，元就は実質的に西中国6カ国を平定することから，その居城も単なる国人領主の城ではなく戦国大名の城となった。このため城の性格も実戦的なものから政治的なものへと変化していったことが考えられるが，毛利氏として特徴的なことは毛利氏から養子に出した吉川元春，小早川隆景がそれぞれ有力な国人領主でありながら，一方では毛利氏内にあってその運営に参画したことで，中国経営にあたっては，その中枢である郡山城を中心に，山陰地方は日山城（大朝町）を居城とする吉川元春，山陽・瀬戸内地方は新高山城（本郷町）を居城とする小早川隆景がそれぞれ統括しており，郡山城はそれらのまさに頂点として，以後極めて政治色の濃い城となったといってよい。すなわち毛利氏の領国経営では毛利氏の両翼に吉川，小早川氏がおり，国人領主はこれらを通じて毛利氏に関係をもったことになり，それぞれは周辺を威圧するだけの規模・内容をもった城をつくり，毛利氏はさらに強力なものをめざしたことが考えられる。

ちなみに日山城は，標高約700mの火野山に天文19年（1550）に築城，永禄10年（1567）頃まで改修が続けられ，総石垣とされた。城主元長（元春長男）は山上に居住している。また新高山城は，天文21年（1552）に築城，日山と同じ頃まで改修が続けられ石垣が用いられた。山上に屋敷や寺院があり山上で居住したとされる。ともかく，それぞれに特色をもち周辺を威圧したこれらの城は，郡山城が優位にたちながら三者が一体となる毛利両川（吉川・小早川両氏）体制を城に移しかえたものとしてとらえられよう。

このようにみると郡山城は戦国の山城として発展しながら政治性が強く，とくに輝元時代には郡山全山を城塞化した総構の城となっており，城内も4重構造となって，中枢部では総石垣が採用されるなど近世城郭を思わせる内容となっている。この頃，畿内では総構，総石垣で天守を備えた安土城，大坂城などが築城されており，城内には家臣団の屋敷も配置されたといわれる。畿内からは離れるものの，戦国大名としての毛利氏の力を考えると同時期に同様な内容を備えることは十分に可能であり，郡山城は戦国から近世への過渡期における西国支配の城として位置づけることができよう。

註

本文に使用した図面は「史跡毛利氏城跡（郡山城跡，多治比猿掛城跡）保存管理計画策定報告書」吉田町教育委員会，1988より引用，一部修正したものである。

安岐城（豊後）

大分市歴史資料館 玉永光洋（たまなが・みつひろ）
大分県教育委員会 小林昭彦（こばやし・あきひこ）

田原氏が16世紀中頃に築いた安岐城は熊谷氏の入封後平城として改変され，戦国末期の領国支配の拠点としての性格をもつに至る

安岐（あき）城跡は，大分県北東部の国東半島東端の東国東郡安岐町大字下原に所在する。この地点は旧安岐川川口左岸の台地東辺部にあたり，海に面した堅固な立地条件を備えている。

調査は国道213号安岐バイパス建設工事を起因として大分県教育委員会が調査主体となって，昭和58年9月8日～昭和61年3月の3年次にわたり実施された。調査対象範囲は従来より周知されていた安岐城跡の主郭を含む東端部分および北部地域である。調査の結果，土塁，溝，堀，隅櫓および構築時期を異にする3時期の建物群が検出され，それに伴う陶磁器，瓦質・土師質・須恵質土器，瓦類，金属製品，石製品などが出土した。遺構・遺物の示す内容には戦国時代のあり方に興味深い様相が窺われ注目された。

1 調査の概要

調査は字本丸と地名が残る本丸地区と谷を隔てて北部の字熊谷寺，馬落となっている北地区の2個所に分けて実施した。本丸地区は，堀と土塁で囲った安岐城跡の主部東端にあたり，調査前より北，東の土塁，この土塁と北東隅で連結する櫓跡が残存していた。現存する遺構の下には大規模な整地層が形成されており，さらにその下部においても溝によって囲まれた掘立柱建物群が確認された。これらは3期にわたる遺構の変遷として把えられ，大きく居館段階（Ⅰ・Ⅱ期）と城郭段階（Ⅲ期）に分けられる。

（1） 居館段階 第Ⅰ期

安岐城跡で最も古い段階の居館跡である。

溝 SD1およびSD2は安岐城跡の立地する台地の東端部に沿って南北方向に伸び，北端で西方面へ屈曲しており，この台地を南北約80m，東西約30mのいびつな長方形に区画することが想定された。この区画内に建物群が配置されている。溝は次の第Ⅱ期の整地作業によって埋められている。

掘立柱建物群 建物は11棟検出された。建物の配置は，主屋と考えられるSB13が区画内の中央よりやや南に位置し，その南側に7棟が集中している。そしてSB13の北側には，SD1に平行して主軸方位を南北方向にもつSB16・17が配置されている。建物の構造は梁行，桁行柱のみの簡易なものがほとんどであり，庇をもつ例はない。しかし主屋と考えられるSB13については床束柱か間仕切り柱かと思われる柱穴が確認されているが，明確な機能を断じ得ない。建物の平面形は長方形がほとんどであり，方形はSB8のみである。建物の規模はSB13が最大で桁行6間（6間×2間か）あり，この期の中心建物と考えられる。他の建物は，4間×2間（1棟），3間×2間（2棟），3間×1間（2棟），2間×2間（3棟）と小規模である。これらの建物のなかでSB3～SB5，SB6，SB7，SB11は重複する建物であり，第Ⅰ期の時間幅のなかで少なくとも3回程度の建替が考えられる。

（2） 居館段階 第Ⅱ期

第Ⅱ期は，第Ⅰ期の居館をさらに拡大・拡充し強固な構造へ変貌した段階である。調査区の北半部に，整地層（厚さ30cm～50cm）が認められ，土塁と溝の構築が一連の作業で行なわれている。

溝・土塁 溝（SD4）はⅠ期のSD1より北6mの台地北端でⅢ期の櫓下部において検出された。東辺部はSD1より東10mほどの位置に構築されたものと思われる。土塁は北辺で確認され，東辺ではⅢ期のSA1の下半に残存していた。このようにⅠ期と同様，土塁と溝によって居館を囲む機能を果たしたものと考えられる。

掘立柱建物群 建物跡は7棟が検出された。建物群はⅠ期と比べ整然とした配置がとられ，全体として南へ移動している。建物の配置はSB10を中心として主要な建物が南側に集中する。その北側の3棟の建物によって，広場的空間をもつ逆コ字状の配置となっている。建物の構造はⅠ期と同様に簡単なもので，平面形は長方形を呈す。このうち主屋とされるSB10は床束柱，間仕切り柱かと思われる柱穴を確認したが，柱間距離，柱通など

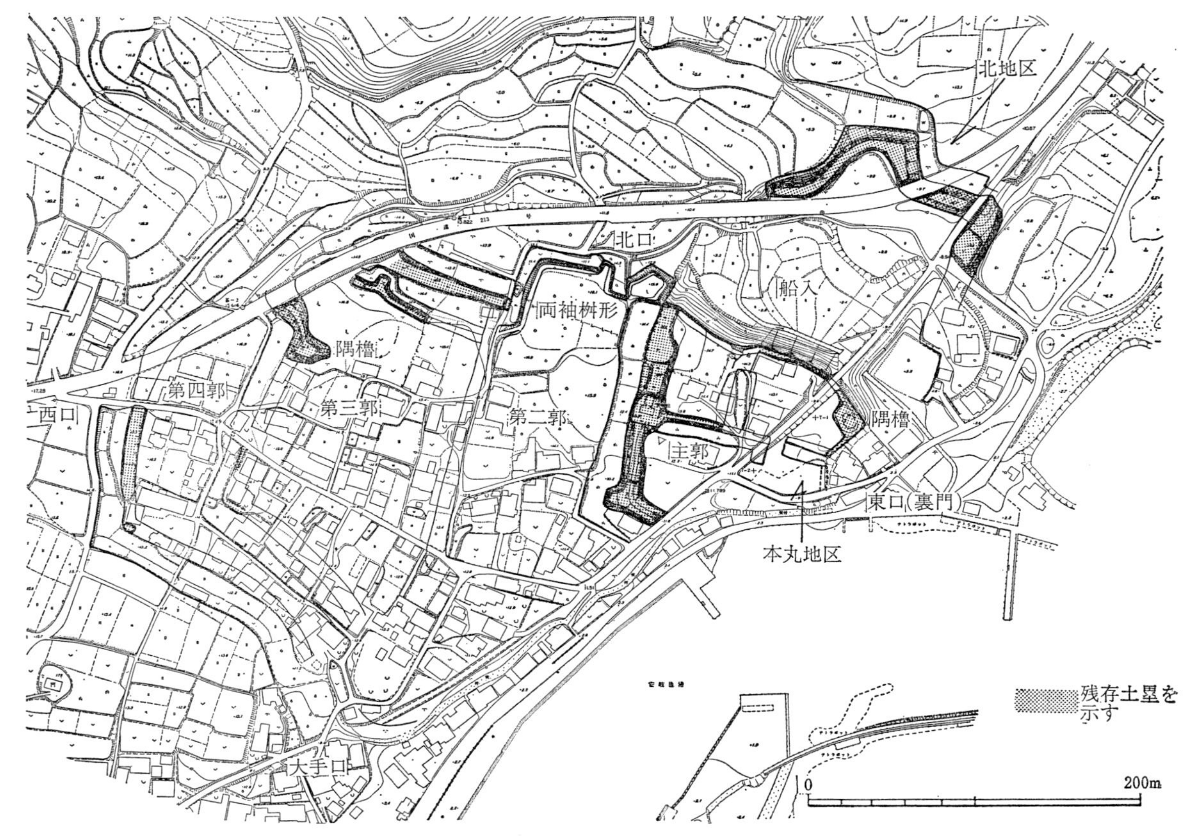

図1 安岐城復原図

その位置関係において不明な点が多い。建物の規模は SB 10 が最大で6間×2間をもつ。SB 9 は部分的な確認ながらSB 10と同規模と考えられ，その主軸方位と位置より主屋の建替かと思われる。その他は4間×2間(1棟),3間×2間(2棟)，2間×2間(1棟)，不明(1棟)である。

居館段階の他の遺構として性格不明の竪穴遺構などがある。

（3） 城郭段階 第 III 期

安岐城がこれまでの居館段階とは全く異なる意識のもとに防衛機能の拡充が行なわれ，近世的城郭としての構造がとられる段階である。

調査対象地は安岐城主郭の東辺部防衛施設を中心とする範囲にあたる。この東辺部の遺構群は，SD 6・8 によって区画された主郭北東区に建物群，東辺に SA 2 の土塁，北東隅に櫓が位置し，堀の南面には柵列群が配置される。主郭防備の最終施設として堅固な構がとられている。

この範囲の整地作業は，第Ⅱ期の遺構面に 0.1〜1m の厚さで黄褐色土を主体として盛り，平坦面が形成されていた。とくに東端部，北端部は第Ⅱ期の土塁との比面差をなくすため厚い盛土となっていた。

柵列 SD 6，SD 8 の南面の約 600m² の範囲に柵列が，堀と平行あるいは直交する方向に配置され，門を中心とする防備の構となっている。

堀 SD 6・8 は主郭の南辺を画す堀となっており，SD 7 はこれを連結する溝である。堀の規模は幅 6〜9m，深さ 2〜4m で SD 8 は台地東端に向って約 25m 残っていた。

土塁 土塁は主郭北東区を囲む，東辺部土塁である。北辺部土塁は北西より南東へ伸び隅櫓に連接する。土塁の構築は，第Ⅱ期の土塁と同一の高さまでの整地作業とともに一連の工程の中で行なわれている。土塁は第Ⅱ期土塁の北辺の溝を埋め，版築状の盛土によって形成されており，第Ⅱ期土塁より北へ 5m 拡張され，高さは約 1m 高められている。

東辺部土塁(SA 2)は2段階の形成，補強作業が認められる。

1段階では，第Ⅱ期土塁に 1m ほど盛土を行ない，前代土塁の補強という形で土塁が形成され

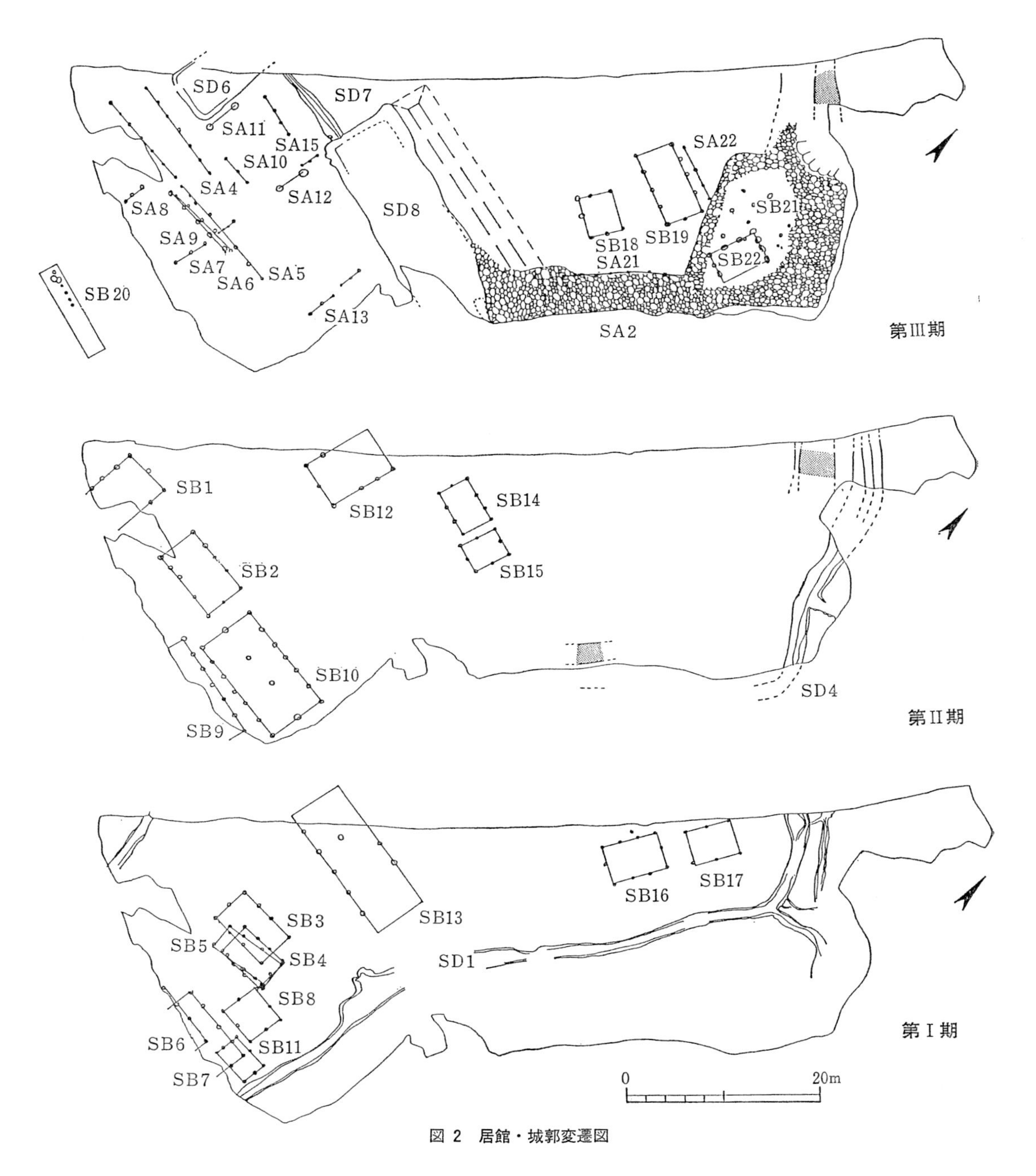

図 2　居館・城郭変遷図

ている。しかし土塁の東面下部に石列を設け，土塁表面を礫によって覆う点は前段階の土塁に見られない構築方法と言える。土塁の内側にはSA 21の柵列が石列にそって設けられ，その西側には小溝，ピット，土坑などがあり，土塁に伴う施設と考えられる。

2段階では，前段階土塁に約 30cm の盛土を行ない拡幅，かさ上げを行ない補強がなされていた。この作業に伴って土塁の内側の施設はすべて埋められる。

隅櫓　北・東辺土塁が連結する北東隅に位置する櫓である。櫓は，基底部に 0.5〜1m の石材を数段積み上げ石垣状の基礎をもち，版築状の土盛と礫の被覆によって形成されている。櫓上部は10m×7m の平坦面に3段階遺構の変遷が認められた。1段階に不整形建物 SB 21 が建てられている。2段階には 30cm ほどの土盛を行ない礎石建物 SB 22 が構築されている。この SB 22 は瓦葺であったと思われる。最終段階に瓦片を利用した瓦敷・土塁によってさらに0.7m高められ，この面には恐らく施設を伴わなかったと考えられる。

建物 主郭の建物はSB18（2間×2間），SB19（4間×2間）があり，SB19の北面にはSA22が伴う。2棟ともに櫓と近接した位置に構築されている。

以上のように土塁と隅櫓には，数段階の改造が行なわれており，その対応関係が問題となる。遺構の構築状態と配置より次のような見解を示しておきたい。まずSA2・隅櫓構築段階にSB18・19，SA21・22が作られる。櫓上部ではSB21が短期間存続し，主郭内建物と方位を一にするSB22が構築され，防衛機能の充実が計られる。

次の段階では，SA2と隅櫓に盛土によって防禦の補強が行なわれる。SA21および周辺遺構はSA2の盛土によって埋められる。SB18・19，SA22は存続したものと思われる。なお北地区において検出された土塁，石積み，溝，建物群は第Ⅲ期に属するもので，土塁，溝には本丸地区に同様の補強の状況が確認されている。

この大きな2段階の様相は，SD8南面の柵列の設置状況と併せて考えれば，極めて緊急かつ近接した時期の防衛強化のあり方を示すものと理解できる。さらに隅櫓上面で確認した瓦葺きの建物はこの時期に初めて出現したもので，城郭の全体像を考える上で重要な要素をもつと言える。

2 遺物からみた各期の年代

第Ⅰ期 出土土器の大半はこの期に属す。輸入陶磁器は15世紀後半～17世紀初頭までのものを含む。量的には16世紀後半を中心とする。15世紀後半～16世紀中頃の蓮子碗を中心とする青花，稜花青磁皿などの古い一群は，土師質の坏，皿が16世紀後半代を中心とするもので構成されているためセットとなるものがない。このことは居館の成立年代にも係わる重要な問題であるが，現段階では古い一群の磁器が新しい一群と重複する時期をもつと考え，Ⅰ期の中心時期は16世紀後半代としておきたい。

第II期 遺物の出土量は少ないが，Ⅰ期と同じ遺物群で構成されている。現段階での編年では明確な細分ができない程度にⅠ期と近接した年代が考えられる。

第III期 出土遺物は少ないが，瀬戸・美濃系の天目碗，備前擂鉢などの特徴から16世紀末～17世紀初頭に推定できる。しかも文献に示されている落城の時期，慶長5年（1600）とも合致する。

3 安岐城の性格

出土遺物の検討によって得られた年代観に基づき文献資料の見解を併せて整理すると，第Ⅰ期は大友二階崩れの変（天文19年，1550）後，田原親宏（たわらちかひろ）が帰国し安岐郷の開発拠点として居館が成立した16世紀中頃の時期としたい。

第Ⅱ期は天正6年（1578）に大友氏が日向高城において島津軍に敗れ，支配体制の弱まり始めた16世紀第四半期頃を想定したい。それは田原親宏より親貫（ちかたか）へ代が替り大友氏に反旗する直前であり，居館の防備が土塁，溝などで強化されたことに反映されている。

最近，田原一族である吉弘氏の詰城屋山城跡が調査された。報告によると室町期の特徴である集落の中心に根子屋の居館を置き，その近くの山上に戦時の詰城がセットになることが想定されている。安岐浦に成立した居館はこれと同様に根子屋的性格をもち，詰城としての山城をもっていたと想定される。詰城は想定される地点もあるが実態の究明は今後の課題として残されている。

さて，安岐城が城郭として成立するのは，熊谷氏入封（文禄3年，1594）後である。この城は旧施設を全面的に改変し，新たな設計に基づいて築かれた「平城」である。

熊谷氏の築いた安岐城は主郭を川口の急崖を背にして片隅に寄せ，それを四重の堀と土塁で囲み，奥深く防禦する後ろ堅固の梯郭式の縄張をもち，主郭内における隅櫓や天主台，第二郭北虎口の両袖桝形，第三郭隅櫓，土塁基部の石垣状の石積みなどの特徴をもつ。このような構造は中世の根子屋的居館や山城とは一線を画し，近世平城的特徴を具有するものと言える。しかし，堀と石垣をもついわゆる近世城の段階ではなく，その直前の様相が示されている。

以上のように，安岐城は県内における戦国時代末期の領国支配の拠点としての性格と該期城郭遺構の一典型として重要である（『安岐城跡　下原古墳』国道213号安岐バイパス建設に伴う埋蔵文化財発掘調査報告，大分県教育委員会，1988年）。

浪岡城（北奥）

浪岡町教育委員会
工藤清泰
（くどう・きよひと）

浪岡北畠氏が拠を構えた浪岡城は丘陵を単純に堀で区割しただけの
平場連立形態の構造で，戦国城下町の要件を整えた計画都市である

北日本における戦国城館の発掘調査は，北海道上ノ国町勝山(かつやま)館・青森県八戸市根城(ねじょう)・同浪岡町浪岡(なみおか)城などの史跡整備に関連した遺跡を主体に相当の成果を得るに至っている。戦国期以前の館跡についてみても，北海道函館市志苔(しのり)館・青森県青森市尻八(しりはち)館・同弘前市境関(さかいぜき)館などではすばらしい遺構・遺物群が検出され，戦国城館に発展する基礎的社会構造が存在したという重要な成果を得ている。

今回，昭和52年から継続している浪岡城の発掘調査の成果を紹介し，戦国期における城館を通して北日本地域の社会状況を提示できれば幸いである。

1 浪岡城の歴史

浪岡城が城館として構築されたのは15世紀後半の長禄年間(1457～1460)から文明年間(1469～1487)と考えられている。しかしながら出土遺物をみる限り，10世紀代の土師器・須恵器および12世紀後半から13世紀頃の土師質土器・白磁四耳壺・須恵器系甕なども出土しており，古代・中世前半においても城館(遺跡)内に人々が居住していたことは確実である。

城館構築の必然的要因は，15世紀中頃における津軽安藤氏と南部氏間に起きた津軽地域の覇権抗争にあったと考えられ，南朝の雄北畠氏を称する浪岡氏が津軽から南部氏に駆逐された津軽安藤氏の領地を受け継ぐ状況で，浪岡に拠を構えたものと思われる。以後，浪岡北畠氏は南部氏の庇護は受けるものの，16世紀前半代には京都にたびたび使者を送って官位を得たり，寺社修造事業も多く手がけ，次第に戦国領主としての経営基盤を固めていったと思われる。しかし，永禄5年(1562)に起きた川原御所の内乱を経て勢力は弱まり，天正6年(1578)〔津軽藩史料〕あるいは天正18年(1590)〔南部藩史料〕までに津軽藩始祖大浦為信によって攻め落されたことになっている。城館の破却が秀吉の「奥州仕置」によって強く厳命された点を考えると，城館主の問題は別にして浪岡城が城館機能を喪失した年は，天正18年以降と現時点で推測している。

2 浪岡城の特徴

浪岡城は地形的に扇状地辺縁の丘陵を単純に堀で区割しただけの平場連立形態の構造である（図1参照)。城館南端は浪岡川の氾濫原として天然の堀となり，東側から新館・東館・猿楽館・北館・内館・西館・検校館そして北側の無名の館と呼ばれる八館(平場)が主要な居住域と仮定される。現在，北館の四周には中土塁(なかどるい)と言われる堀を分割する土塁が認められ，堀跡が二重・三重堀の様相を呈している（口絵)。この中土塁は北館のみならず，東館南側・西館南側でも確認でき，盛時に堀が水を湛えていたとすれば水路調整の役割もあったと思われ，堀跡から出土する多量の木製品やシガラミ状遺構はその証拠となる。

また，浪岡城の位置は中世における主要街道の要衝にある。日本海交易による物資の搬入・搬出を津軽地域に限ってみると，外ケ浜（現青森方面）へ抜ける街道は浪岡城の中を通り，十三湊(とさみなと)へ抜ける街道は浪岡城の支城原子館を通り，津軽平野内陸部への街道は浪岡城下・川原御所周辺を結節点として展開していることがわかる。浪岡城は津軽平野部の経済的喉元に存在していたのである。

3 発掘調査の成果

浪岡城跡の発掘調査は昭和52年から継続中で，「史跡公園」として環境整備する目的で実施している。現在まで東館西半部，北館全域，内館全域，北館四周の堀跡を中心に調査し，史跡指定地面積138,000m²の18%に及ぶ約25,000m²が10年間の対象地である。主な検出遺構としては，掘立柱建物跡・礎石建物跡・竪穴建物跡・井戸跡・溝跡・土壙墓・竪穴遺構の生活遺構（口絵）と，堀跡・土塁跡・舛形遺構・門跡・柵列跡などの防禦的性格の遺構がある。また出土遺物としては，陶

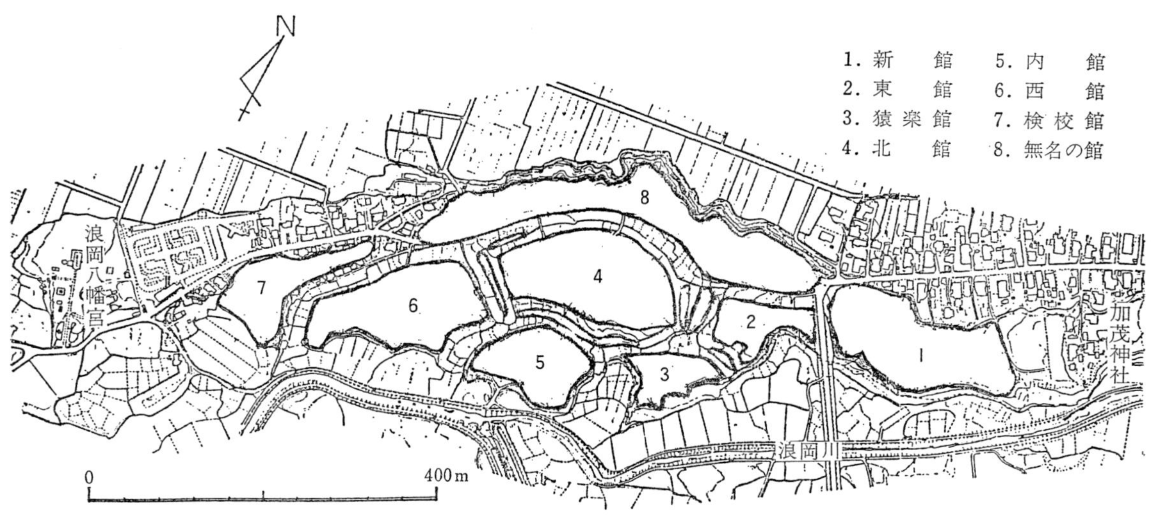

図1　浪岡城跡全体図

磁器・土器類15,800点，鉄・銅製品10,800点（口絵），石製品1,100点，木製品957点，銭貨10,113点，その他300点(昭和62年度までの台帳記載分のみ)があり，総数39,000点以上に及んでいる。

調査の概要を述べるにも紙数と図の制限があるため，現在筆者が調査成果に依拠して主たる課題と考えている点にしぼり説明する。

（1）　平場における生活領域

検出遺構からみると平場における居住空間を構成する施設として掘立柱建物跡と竪穴建物跡そして井戸跡・溝跡などがある。東館西半の調査では，間尺6尺弱の6間×4間の掘立柱建物跡の周囲に5棟の竪穴建物跡が位置し，重複関係の少ない遺構配置を確認した。そして井戸跡の存在および平場を区画すると考えられる溝跡の検出により，調査区に16世紀後半代（出土遺物に美濃瀬戸大窯V期の製品と唐津が多かった)の屋敷地が存在したことを推定せしめた。昭和53年の調査である。

当初，竪穴建物跡の性格についてどのように考えるべきか混乱していた。住居・倉庫・作業場・簡易兵舎など，発掘しながら理解できない遺構ほど困ったものはない。床面からの出土遺物はほとんどなく，量も少ない。掘立柱建物跡が中世以降において一般的住居であるという既成概念を除去できるのは全国各地で中世遺跡の進展をみた昭和55年以降のことである。浪岡城跡の竪穴建物跡は，規模・柱穴配置などから10形態以上に分類できるが，時期別配置の分析を進めるうちにいずれも掘立柱建物跡の位置に規制されて構築されていることを感じるようになった。

北館の調査がほぼ終了した昭和60年に至り，時期別遺構配置をある仮説のもとに作製する作業に入った。その仮説とは，

(1)　陶磁器の組み合せから，15世紀後半（第Ⅰ期)・16世紀前半(第Ⅱ期)・16世紀後半（第Ⅲ期）に大枠の時期区分をする。その根拠として，第Ⅲ期の遺構は唐津と美濃瀬戸大窯V期および口縁内湾型の染付などを出土する遺構に限り，第Ⅰ・Ⅱ期をそれ以外とする。第Ⅱ期を染付が出土する遺構に限り，第Ⅰ期をそれ以外とする。その上で第Ⅰ期は第Ⅱ・Ⅲ期に包括される可能性，第Ⅱ期は第Ⅲ期に包括される可能性を，遺構の重複関係と配置関係から修正する。遺構の下限年代の設定である。

(2)　北館の地籍図（明治20年代）を参考にしながら，遺構のブロック別占地の可能性を探す。掘立柱建物跡の重複が地籍境界線の一区画内で検出される事例が多く，地籍が遺構ブロックの考えに有効であると考えた。さらに遺構として把握しづらい道路・通路などの施設も地籍境界線に添う形で進める。

というものである。その結果，第Ⅰ～Ⅲ期までの遺構配置の概略を把握することができた。図2は浪岡城最盛期の16世紀前半における「屋敷割」を確認したものである。

これらの屋敷割をみると，A―1区を除いて掘立柱建物跡・竪穴建物跡・井戸跡が一屋敷の中でセットとして把握され，それぞれ居住者の階層的姿も写し出されるように思う。すなわち，A―2・3・4・5区では核になる掘立柱建物跡が一棟に対

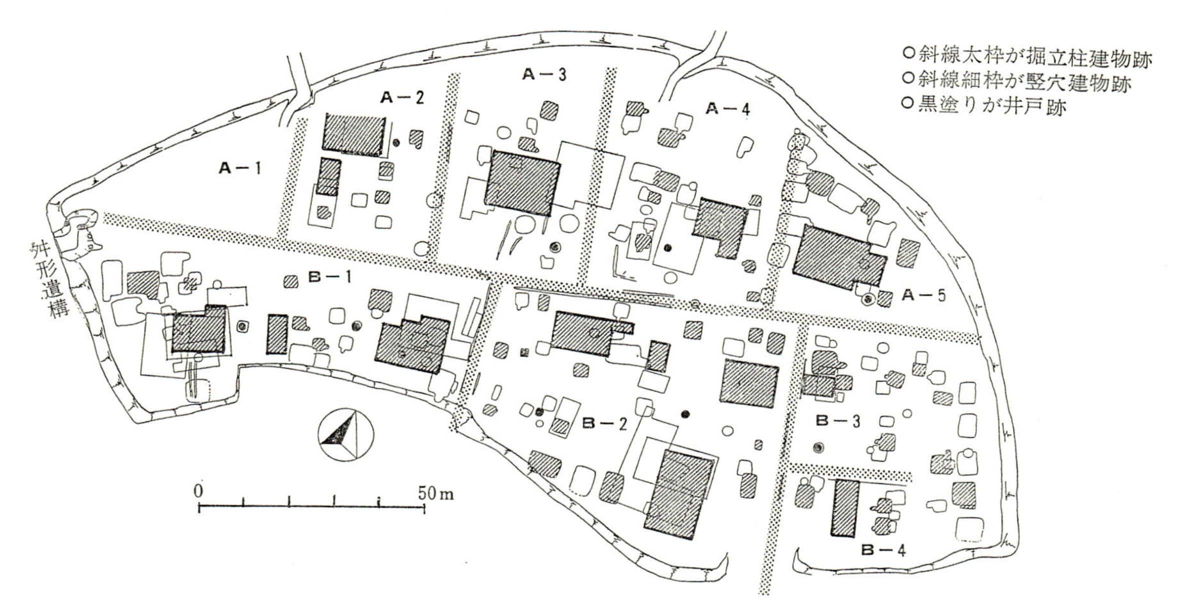

図 2　浪岡城跡北館における16世紀前半の遺構配置模式図

しB—1・2区では複核状況を呈し，B—3・4区では竪穴建物跡が主体的位置を占めている。もし「屋敷割」という概念が是認されるとすれば，これらの様相は浪岡城内における家臣層・城主関連層・それらに仕える下人層（職人なども含まれると考えられる）の区分と考えられるのではないだろうか。

ただし，注意しなければならない点は家臣層・城主関連層の屋敷地内であっても後述する鋳銅関連遺物が出土しており，戦国大名支配下の城下や近世的城下の区画制度とは別の概念があったと思われ，城館機能の問題として今後の重要な課題である。なお，内館検出の遺構配置は北館の様相とは相違が認められ，屋敷割のように分割状況でなく求心的な状況で城主居館の性格を示すと考えられるが，現在検討中のため後日に発表を期したい。

（2）　出土遺物と生活の様相

浪岡城跡から出土した陶磁器（口絵）をみると，15世紀後半代の組み合せと考えられる青磁無文碗・同稜花皿，白磁内湾小皿・同八角小坏，美濃瀬戸縁釉小皿，珠洲口縁櫛目波状文帯擂鉢などが主として内館から出土し，北館は量的に少ない。16世紀前半代として，青磁線描蓮弁文碗，白磁端反皿，染付端反皿，美濃瀬戸灰釉端反皿，越前擂鉢・同甕・同壺は内館・北館の相方から出土する。16世紀後半（末）として染付内湾型皿，美濃瀬戸灰釉折縁皿・志野皿・黄瀬戸皿・唐津皿，備前擂鉢は北館に多く内館もある程度の量はある。このことは浪岡城が最初から明確な縄張図によって構築されたと考えるより，勢力拡大に伴って内館を基盤に城館域を改修・拡張・整備していったと考えるのが妥当で，先の東館の例は16世紀後半代の屋敷割拡張のあらわれとみたい。

出土遺物はその点で，城館内における生活域の時間的変遷をたどることに有効であり，最盛期の人々の姿を具現してくれる。表１は機能的面から出土遺物の分類を行なったものであるが，経済活動によって多種多様の陶磁器を搬入して食生活を営み，武家とし武具・馬具の常備はおこたらず，茶の湯・聞香に親しみ，宗教活動に篤く，各種の作事を行なう城館の生活を理解できる。

ところが，浪岡城跡のみならず北日本の城館調査では，土師質土器（カワラケ）の出土が極めて稀であることに注目される。食膳具の主体はあくまで陶磁器であって，その出土量からすれば全国的な流通経済の枠組に組み込まれているにもかかわらず，京都的文物としての土師質土器を受容しなかったことは，北日本の城館を観る時の重要な視点と考えられる。

また，浪岡城跡出土遺物の中でとくに興味を引くものに土製鋳型の類がある。大部分は鐔の鋳型であるが，刀装金具の鋳型（石製）も出土し，土製坩堝・羽口も多くみられ，坩堝の付着状態から銅の鋳造を行なったと考えられる。図３に示した鋳型は，粘土にスサを混入した軟質の焼成で坩堝と

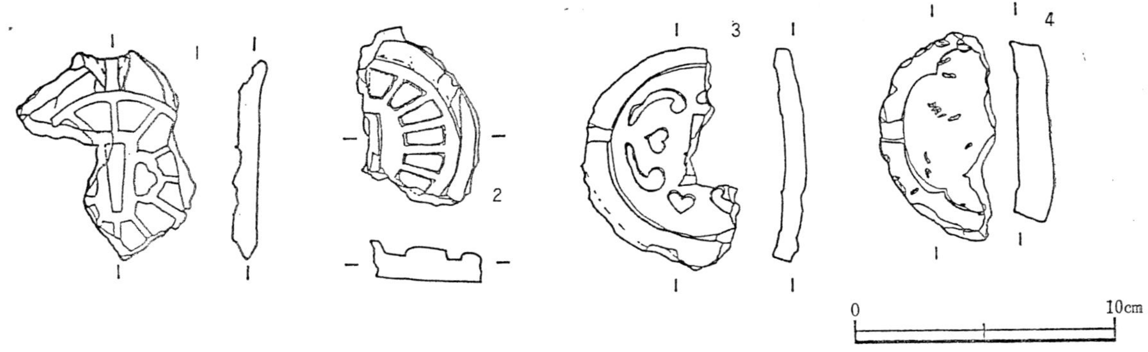

図 3　浪岡城跡出土鐔鋳型実測図

表 1　浪岡城跡出土遺物一覧表

食膳具	折敷，膳，漆塗椀・同盤，曲物，箸，篦，蓋——(中国製）青磁碗・皿・鉢・酒会壺，白磁皿・碗・壺・小坏，染付皿・碗・鉢・小坏，赤絵碗・皿，(朝鮮製)碗・皿，瀬戸美濃灰釉碗・皿・壺，同鉄釉碗・皿・壺，唐津皿・碗・鉢・壺——産地不詳皿
調理具	越前擂鉢，珠洲擂鉢，備前擂鉢，唐津擂鉢？，瀬戸美濃灰釉鉢・卸皿——鉄鍋・皿——石製臼・鉢
貯蔵具	越前甕・壺，珠洲甕，瀬戸美濃壺，中国褐釉壺——木製曲物・桶
灯火具	鉄製火打金・燭台——石製火打石——鉢——瓦燈
暖房具	瓦質火鉢・行火——石製温石——木製行火——鉄火箸
道　具	木製砧・篦——鉄製鋤・鍬・鉈・小刀・釘・かすがい・鎌・苧引金・鍵・錠前・鋏——砥石——土製坩堝・鋳型・羽口——銅製鋲・針
化粧具	銅製鏡？・毛抜鋏・耳掻——紅皿
茶の湯	中国製鉄釉壺・碗，瀬戸美濃鉄釉碗・天目台・茶入，瓦質風炉——茶臼
聞　香	中国製青磁香炉，瀬戸美濃香炉，瓦質香炉
文房具	中国製染付水滴，瀬戸美濃水滴——硯
遊戯具	土製鈴——石製人形
宗教具	銅製仏像・金剛盤・五鈷杵・香炉・鈴・鉦・碗・高台——木製塔婆・柿経・形代——石仏
計量具	銅製分銅・秤皿——木製棹？
馬　具	鉄製轡——銅製鞖——木製馬櫛
武　具	鉄製刀・小柄小刀・鐔・槍・打根・胸板・小札・鏃——銅製鐔・切羽・小柄・笄・鐺・足金物・返角・目貫・鞐・縁金具・八幡座・火縄鋏・鉄砲玉——革札
その他	銭貨，木製下駄・棒・墨書付札・井戸枠，鉄滓，銅滓，キセル，麻紐，縄紐，炭化米，堅果，人骨，獣骨，他

同様に銅の溶融物が付着している箇所もみられる。図3—1・2は車透し鐔と考えられ，図3—1は笄櫃孔も認められ，上端に湯口部分がある。図3—3は丸形の形状に猪目と巴形の透しを入れており，左手に湯口が認められる。図3—4は木瓜形で左手に湯口が認められる。

これらの鐔を製作したと考えられる遺構は図2のA—4区とA—5区における竪穴建物跡と推定され，遺構内から破壊された鋳型・坩堝・羽口などが多数検出されている。また鋳型は発見できないが，坩堝などの検出される竪穴建物跡は意外に多く，すべての屋敷から出土している。このような状況を考えると，浪岡城北館においては常時鋳銅作業を行なっていた可能性が高く，鋳銅工場的様相も想像できるのである。

では，これらの鐔などはどのような使用目的で製作されたのであろうか。現在までに同笵の鐔は浪岡城跡調査区からは出土しておらず，案外交易品として搬出していたのではないかと考えられる面もある。同時期の勝山館においては伝侍屋敷跡の調査から鍛冶作業を主たる職能とする集団を館内に組織し直接交易の対象としていたという見解もあり，北日本の城館が北方アイヌ社会と密接な関連を有して存在していたことは，どうも鋳型のような遺物から解明できるのではないだろうかと考えている。

4 おわりに

近年，浪岡城の縄張りは無秩序で辺境型と呼ぶ人もおられるが，城館と集落の接点を無視した用語使用と言わざるをえない。城館が防禦的観点のみで構築されているとしたら，それは非日常的遺跡として残っているのであり，歴史的価値は少ない。浪岡城跡の調査十年を経て，城館自体が教えてくれる歴史事象は戦国期の津軽，戦国期の北日本という，地域に生きた人々の姿そのものであった。

戦国時代の生活と経済

戦国時代の人々のくらしぶりと経済社会のあり方を中国などから伝わってきた陶磁器と銭貨，そして文房具によってみていこう

貿易陶磁器／文房具／出土銭からみた撰銭令

貿易陶磁器

専修大学助教授
■亀井明徳
（かめい・めいとく）

城館における供膳用具として貿易陶磁器はかなり普遍的・日常的に使用されていたがとくに中国産は明商船によってもたらされた

1　概括的な特徴

15・16世紀の貿易陶磁器のわが国への輸入の特徴について，次の2点がまず注意されよう。

第一は，15世紀代，とくにその前半代においての中国陶磁器の輸入が極めて少ないことである。現在まで15世紀前半において，まとまって中国陶磁器を検出している遺跡は，山梨県東八代郡一宮町新巻本村遺跡，大阪府泉南郡岬町沖海底遺跡（紀淡海峡海底）のわずか2カ所をあげうるのみである。もちろん数片の当該時期の陶片を出土している遺跡はあるが，これらを含めても，15世紀前半代の中国陶磁器の出土資料は極端に少ない。

これ以降の，とくに16世紀代の著しい出土量の増加や，さかのぼって鎌倉時代における膨大な中国陶磁器の遺跡数に比較するとき，15世紀前半代の稀少さはむしろ異常ともいえる。しかしこの現象はひとりわが国に限られたものではないようである。マレーシアのボルネオ・クチン周辺は北宋時代から貿易陶磁器を出土する遺跡が多く，サラワク・ミウゼアムはその調査と膨大な収蔵品で著名であり，その研究報告も東南アジアの貿易陶磁研究にとって重要な資料となっている。ところが，その貿易陶磁器のなかで“Ming Gap（明ギャップ）”と称され，明代の中国陶磁器が欠落している。とくに明代前半代の出土品が少ないと，ヨーロッパの研究者が指摘している。実際に調査してみると，この時期の中国陶磁器は少ないながらもあり，一概に明ギャップというのは当をえていない。しかし，宋時代の出土量に比較すれば極めて少量にすぎないのは事実である。

こうしてみると，15世紀前半代の稀少さは輸出国である中国にその因が求められる。基本的には明国の海禁政策による輸出量の稀少性によるものである。しかしながら，こうした状況下において，沖縄のみは例外である。かつて琉球王国は，中国への朝貢貿易船を171回出航させているが，この期間の日明勘合貿易船は19回，他のアジア諸国のなかでタイは73回などであり，いかに琉球の果たした役割が大きかったかを物語っている。したがって，明代前半期の中国貿易陶磁器の研究が，資料の多寡の点において沖縄県の遺跡，とくにグスク出土品の研究をぬきにしては考えられない。沖縄の出土品については，当面のテーマでないので，これ以上言及することを避けておこう。

さて第二に注意されることは，中国以外の貿易陶磁器の輸入が増加したことである。すなわち，李朝とタイ・ベトナム陶磁器が，15・16世紀のわが国出土品のなかに，前代に比較して増加している。もっとも量的には中国陶磁器に比べて微々たるものであることは詳言を要しない。

福井県一乗谷朝倉氏館跡からは，象嵌青磁壺・水注・碗，白磁皿，刷毛目や藁麦釉茶碗，鉄釉徳利などの李朝陶磁器や，タイ製とみられる無釉タタキ文小壺のような出土例の少ないものもみられる。大阪府堺環濠都市遺跡においても李朝陶磁器の出土例は多いが，タイ陶磁器の資料が増加している。例えば，SKT 60 地点の第2層は，天文元年(1532)の火面とみられるが，この層から宋胡録(すんころく)合子が，中国製青・白磁，青花や，唐津，備前，志野と共伴している。

ベトナム陶磁器は，福岡県太宰府市推定金光寺跡にもみられ，簡素な花文を碗の内面に鉄絵で描き，口縁の内側に沿って唐草文を配している。ベトナム陶独特の渋釉を外底面に塗布するものと，それが見られないものも多い。ベトナム陶磁器は，熊本県菊池川河口部の採集品など九州各地にみられ，資料が増加しつつある。しかし，やはり全体的には今後資料数が急増するとは思えない。つまり沖縄におけるタイ・ベトナム陶磁器の出土量に比較すると，微々たるものといえる。

沖縄県においては，国頭郡今帰仁(ナキジン)グスクの志慶真門郭跡の16世紀の層位から，タイ鉄絵合子，ベトナム青花壺が，明代の青花や李朝象嵌青磁と共伴している。同じく，かつて調査された勝連グスクにおいても鉄絵菊花文碗や，外面にラマ式蓮弁文をブルーで描く大型の碗など十数片がみられる。15・16世紀のタイ・ベトナムとの交易の状況をみると，日本国内の両国製の陶磁器は，琉球の「まなんばん」交易によってもたらされたと考えられる。

2　輸入品と国産品との組成

戦国時代のなかで，貿易陶磁器，とりわけ中国陶磁器の出土が多いのは16世紀代である。そこで国産の施釉陶磁器などと，どのような組み合せで使われていたのであろうか。あるいは器種別に異なった使用が行なわれていたのであろうか，などの問題を考えてみよう。

こうした問題を考える際，各々の城館の属性によって大きな相違が生じることが十分に予想される。一国を支配する城館の場合，郡規模の統治を預る人物の城館，さらに村々に居る在地土豪の館など，勢力の大小のもつ要因は大きい。さらに，貿易陶磁器の入手が相対的に容易であった西日本，とくに九州や畿内の城館主と，東国のそれとは異なる前提となる。

少し城館の例をあげて説明しよう。まず兵庫県姫路市御国野町の御着(ごちゃく)城跡から出土した資料をみたい。この城は，永正16年(1519)に播磨守護赤松氏の配下の小寺氏の築城になる。播磨の地は，山名氏と赤松氏の抗争と，その後は小寺氏，浦上氏，三木氏，別所氏などが分割して争乱をくりかえしていた。小寺氏は中央部を領し，当初は姫路城にいたが，御着城に移り，天正5年(1577)に羽柴秀吉によって落城するまでの約60年間，この城を維持していた。出土陶磁器をみると，全体の約半分の土師質土器を除くと，残りの半数を中国陶磁の青・白磁，青花と，国産の美濃・瀬戸，丹波・信楽・常滑，備前焼で分けている。大型の主に貯蔵用の器種は，備前焼などでまかなうが，碗・皿は中国陶磁器7に対して瀬戸・美濃1の割合である。すなわち，御着城においては，供膳用は，土師器が日常的に多いが，施釉陶磁器では，中国製品の占めていた割合が非常に高いといえる。西国の入口に位置しているが，一国支配ではない勢力の城館において中国陶磁器の占めていた比重に注意したい。

次に畿内に接し，一国支配の一乗谷朝倉館跡の状況をみたい。この城館はよく知られているように，文明年間(1470年代)から天正元年(1573)までの約100年間，朝倉氏の居城となっていた。出土陶磁器の組成をみると，武家屋敷や町屋などの遺跡の性格によって多少異なるが，おおむね土師器が50〜60%，越前焼が30%と，地元産の両者で80〜90%を占める。移入品の瀬戸・美濃焼，瓦質土器は1〜5%，中国・朝鮮製陶磁器は7%前後であり，中国陶磁器の移入品中に占める割合が高い。青磁，白磁，青花の各々の比率は，4：4：2くらいである。全体の陶磁器組成において，地元製品が優占し，移入品は地元製品のない分野を補完する形で用いられる。しかし当主の居住した朝倉館では様相を異にし，貿易陶磁器が30%と，武家屋敷の2倍の割合である。したがって，同じ城館内でも性格によって陶磁器組成は大きく異なっているが，越前一国支配を行なった朝倉氏は貿易陶磁器を日常什器として使用していたとみられる。こうした貿易陶磁器の量的な多さとともに，ここで

図 1　福井市一乗谷朝倉館跡出土の陶磁器
（瀬戸・美濃焼と中国陶磁器，朝鮮陶磁器）（福井県立朝倉氏遺跡資料館提供）

は質的にも優品を所持していた。その一例として，宋代の定窯白磁皿が発見されている。これは朝倉氏の時代にとってはいわばアンティークな陶磁器を購入したのである。同様な例は，天文年間に美濃一国支配を確立した斉藤秀龍（ひでたつ）（道三）の稲葉城（岐阜城）跡から唐代の越州窯青磁碗が出土している。こうした陶磁器は，価格はわからないが，入手し難い品物であったと思われ，茶の湯の席で珍重されたのであろう。

東北地方の例をみよう。青森県南津軽郡の浪岡（なみおか）城跡については別に詳論があるので，ここでは陶磁器の組成について考えよう。まず注意されるのは，土師器が極めて少量（1% 以下）であり，陶磁器の99%を内外の搬入品でまかなっていることである。このうち中国・朝鮮陶磁器は，53% の高い比率で，残りを美濃・瀬戸焼，唐津，越前焼などの国産品でまかなっている。さらに供膳具の碗，皿だけをとり出すと，舶載品の比率は国産品の2倍にも達し，日常の城館生活において普遍的に舶載品を使っていることがわかる。東北，北海道の城館ではこうした傾向は共通してみられるようで，岩手県の大瀬川館，柳田館，北海道の勝山館などにおいて，舶載の陶磁器は全出土陶磁器の60～70%の高率を占め，美濃・瀬戸焼や越前焼などの国産施釉陶器をはるかに凌駕している。国産品より舶載品の方が多いという一見異常ともみえる現象を呈している。

図 2　青森県八戸市根城跡出土の陶磁器
（八戸市教育委員会提供）

西国に眼を転じて，九州南部の城館ではどういう状況であろうか。東北，北海道とちがって土師器，瓦質土器が50%をこえているが，備前，常滑の大型品を除く国産施釉陶器，つまり他地方に多い瀬戸・美濃焼が少ない。その部分をすべて中国・朝鮮からの貿易陶

図 3　鹿児島県大口市平泉城跡出土の明代青花磁

図 4　大分県玖珠町切株山城跡出土の明代青花磁

磁器によっている。鹿児島県大口市の平泉城跡では，正確な数値ではないが，貿易陶磁器の全陶磁器に占める割合は40%をこえている。これが南九州の城館に共通している割合である。さらに沖縄に南下すると，勝連グスク跡では，土器類は21%で，他の79%は中国，朝鮮，タイ，ベトナムからの貿易陶磁器で占められている。

このように地域によって差異はあるのは当然であるが，戦国時代の日本の北と南の両端において貿易陶磁器の占める割合が高く，中部日本では美濃・瀬戸焼の生産・流通圏にありながらも，碗・皿だけをとると貿易陶磁器が3～5倍程度多い。平凡な結論であるが，城館における供膳用具として貿易陶磁器はかなり普遍的，日常的に使用されていたと考えられる。

3　嘉靖期の明商船

戦国時代の，とくに城館跡出土の中国陶磁器のうちでは，青花白磁器を中心として，16世紀前半から中葉前後に位置づけられるものが圧倒的に多数を占めている。すなわち，青花において嘉靖（1522～1566年）タイプが全体の大部分を占めており，この期間の陶磁貿易が最も活発に行なわれていたことを暗示している。

他方，日明貿易は勘合船によっていたが，すでに周知されているように，遣明船は宝徳3年度に9隻の多数になった結果，明側が10年一貢，3隻に制限しており，加えて陶磁器のように，生糸などの輸入とちがって，重量の大きいものは勘合船にとって有利ではない。また，盛んに行なわれた日朝貿易を通じて中国陶磁器が輸入されるケースも考えられるが，残存する詳細な輸入品目リストには記録されていない。

このように考えを進めてくると，戦国後半期に増加する明商船の来航によって，中国陶磁器が輸入されたとするのが妥当である。すでに小葉田淳氏の詳細な研究に示されているように，天文中期以降に，わが国の銀山の開発と産出量の増加が，銀を希求する明側の利益と一致し，明商船の来航が急増する。彼らは日向，薩摩，大隅，豊後などの南九州の諸港だけではなく，大坂寺内町や日本海岸など東日本にも来着している。天文年間すなわち1532～1554年は，明における嘉靖年間とほぼ平行した時期であり，嘉靖タイプの青花磁が多いことは，天文年間の明商船のひんぱんな来航と深く連動していると考えられる。

戦国時代の城館跡から出土する中国陶磁器は，わが国の勘合船の場合は少なく，明商船によってもたらされ，博多，堺，京都などのわが国の商人の手により全国各地にもたらされたものであろう。

参考文献

『貿易陶磁研究』No. 4，日本貿易陶磁研究会，1984
『近世城館跡出土の陶磁』愛知県陶磁資料館，1984

文房具

福井県立朝倉氏遺跡資料館
水野和雄
（みずの・かずお）

日本では文字の普及とともに硯，墨，水滴などの文房具が定着をみ，とくに中・近世の遺跡からは多くの遺物が出土している

文房具の誕生は，人が生活の一部を文字で記録しだしたことに始まる。中国では，湖北省雲夢県睡虎11号秦墓から発見された卵形石硯，円筒形磨石具，墨のセットが最も古い遺品といえよう。日本の文房具の歴史は，漢字と仮名の関係と同じで，中国から文房具一式を輸入し，器用な日本人の手によって大量に模倣され，定着したとすることができよう。

最近では，鉛筆をはじめボールペンやマジックペン，ワープロなどの普及もめざましく，毛筆は過去のもの，または書道という枠内へ追いやられた感が強い。昔の人が「文房四宝」として愛でた筆・墨・硯・紙，それに水滴，文鎮，筆架，小刀，硯屏，硯箱などの文房具に，私たちは今，正しい価値基準を与えて貴重な文化遺産として保護していく責務があろう。

さて，「文房四宝」については，書家はもちろん，美術的立場からの論考も多くなされている。最近では，中・近世遺跡が多く調査され，硯や水滴の報告もかなりの数にのぼっている。筆者は，戦国時代城下町の跡として有名な特別史跡一乗谷朝倉氏遺跡の発掘調査に携っている関係上，ここでは日本各地の遺跡から出土し，報告されている文房具にウエイトをおいて，それらを簡単に紹介していきたい。

1 硯

日本にはじめて硯が伝来したのは，中国の隋・唐時代で，蹄脚・円面・風字硯などの陶硯が主流の頃である。この形式の陶硯は，7世紀の飛鳥京・藤原宮・法隆寺・北九州などの寺院跡や官衙遺跡を中心に出土している。奈良県御坊山3号墳出土の三彩有蓋円面硯は，百済から将来された優品である。中国や朝鮮の風習では，文房具は墓の副葬品の重要な品物の1つとなっているが，日本では経塚に文房具が埋納される例は若干みられるものの，墓の副葬品としては皆無であることから，この古墳の被葬者が，日本人でない可能性を強くしている。8世紀以後11世紀までは，日本でも円面硯・風字硯・猿面硯などの陶硯が焼成され，使用されているが，需要の急増に対応するために，日本独自の須恵器の杯と蓋を利用した「杯蓋硯」も工夫され多用された。

中国では，唐代武徳年間に端渓石が，開元年間に歙州石が相ついで硯材として採掘され，石硯の時代をむかえるにいたった。日本でも，福岡市鴻臚館跡出土の円硯の銘文が935年頃のものであることや，菅原道真の『菅家文草』に石硯を愛でる詩がみられることなどから，10世紀頃，陶硯から石硯へ徐々に材質が移行しつつあったことがわかる。なお，北九州の一部では，11世紀の後半頃に滑石で作硯する試みがあったようであるが，本格的に日本の各地で硯材が採掘され，硯工人が誕生するようになるのは，12世紀末から13世紀はじめ頃のことと考えられる。拙著「日本石硯考」（『考古学雑誌』第70巻第4号）の編年によると，13・14世紀には，楕円硯—入隅形の四葉硯（図2）と呼ばれるものも含む—や台形硯（図4）が主流であり，京都平安京をはじめ，鎌倉市内，広島県草戸千軒町遺跡などで多く出土している。これらの石硯に混って，裏面が浅く抉ってあったり，良質の石材を丁寧に加工してある中国石硯（図3）と一見してみられるものも少し出土することがある。硯工人が，これら中国石硯を模倣して裏面の平坦な硯を大量に作硯していた事実を示すものとみることができよう。

15世紀になると，文献からは京都嵯峨石や若王子石，高知県土佐石の硯材が採掘されていたことが知られている。15世紀の石硯の特長は，台形硯で側面が上方に広がる14世紀タイプから，長方硯で側面が垂直に立ち上る16世紀タイプとを繋ぐもの，いいかえれば，側面が垂直の台形硯，もしくは側面が上方に広がる長方硯（図5）のどちらかのタイプであるとすることができる。

16世紀になると，福井県の一乗谷朝倉氏遺跡の592点以上の硯片をはじめ，長方硯で，側面が垂

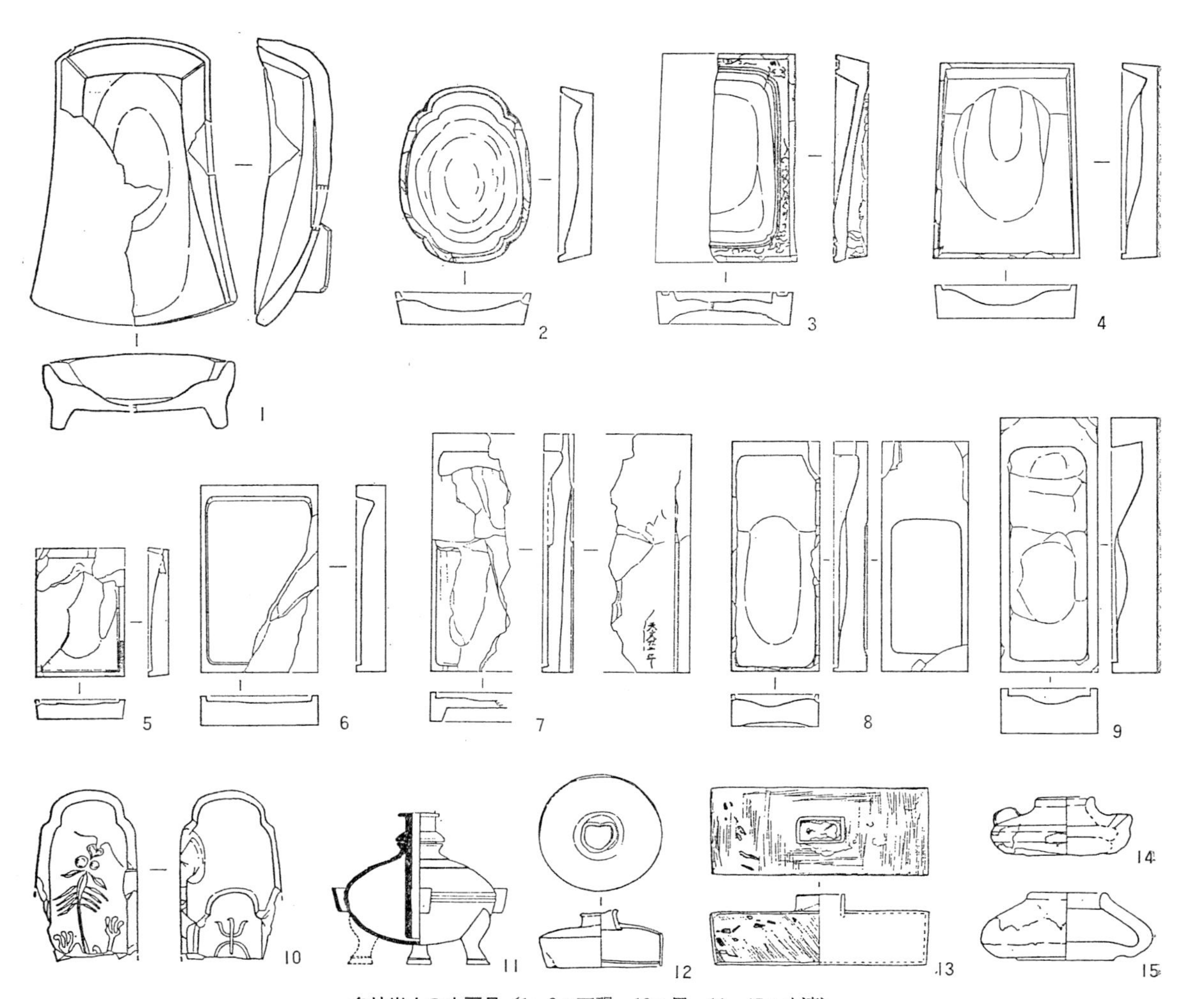

各地出土の文房具（1〜9：石硯，10：墨，11〜15：水滴）

朝倉氏遺跡出土の文房具

直に立ち上り，裏面が平坦（図6）か，もしくは2脚つく石硯（図7）が，全国各地の中・近世遺跡からも多く出土するようになる。この時期，硯頭部の縁帯幅は広くなり，海部にむかって垂直に削られるようにもなる。これに対して，18世紀の石硯は，海部にむかい鋭角に抉るように削った硯（図9）や，滋賀県高島郡の石硯（図8）が主流となっている。西口陽一氏の「人・硯・石剣」（『考古学研究』第128号）によれば，高島硯は，東大阪市西ノ辻（にしのつじ）遺跡で「天福二年(1234)」銘の石硯が出土したことから，鎌倉時代の初めに，はやくも作硯されていたことが判明している。しかし，高島硯が隆盛をみるのは江戸時代のことであり，細長い硯の裏面に方形の浅い抉りを入れ，そこに「本高嶋石・本高嶋虎斑石・高嶋長誠」などの銘の刻された例が，水野正好氏によって多く報告されている（「江州高島産石硯資料瞥見録」『滋賀考古学論叢2』）。今後は，中・近世の硯産地と，遺跡からの出土硯とを比較検討することによって，硯の生産と流通の問題にせまってみたいと思っている。

2 墨

墨の材料は，時代とともに石墨━松煙墨━油煙墨と変遷し，現在ではカーボン液墨なども多く用いられている。

石墨は，天然に産した顔料で，石硯の上に置き磨石具で磨りつぶして使用したようである。前述の秦代睡虎11号墓から出土したものが最古のものといえよう。日本では出土せず，中国でも三国時代頃までには固形墨にとってかわられたものと思われる。

松煙墨は，松の枝を焼いて煤を集め，膠（にかわ）で練って固形にしたものである。この墨の特長は，年月を経るにつれて色が青みを帯びてくる点であろう。日本書紀推古天皇18年（610）の記事「高麗王貢上僧曇徴法定曇徴知五経且能作彩色及紙墨」から，飛鳥時代に製墨法が伝えられたことが知られている。奈良時代になると，奈良正倉院に伝世墨としては世界最古の古墨14挺が大切に収められている。この墨は，日本で作られたものではなく，唐墨（からすみ）・新羅墨（しらぎすみ）である。平城京右京五条四坊の第100次調査では，唐墨が筆管，絹織物，和銅開珎などとともに須恵器薬壺形の胞衣（えな）壺に収められていたし，鳥取県米子市の諏訪遺跡群でも調査者の小原貴樹氏によって，奈良時代の掘立柱建物付近から，土師質甕の中に収められていた炭化した墨状の遺物，和銅開珎3枚，刀子1本，鋤先1本が報告されている。男子出産の場合，官吏として読み書きが上達するように，文房具を胞衣と一緒に埋納する風習については，水野正好氏の「想蒼籬記」（『奈良大学紀要』第13号）に詳しい。奈良時代にもなると，平城京跡から尨大な量の木簡が出土しており，下級官人までもが，支給された墨をちびちびと大切に使っていた様子が明らかとなっている。

平安時代の『延喜式』によると，墨は図書寮で年間400挺作られ，各官省へ配られたようである。植村和堂氏は，『筆・墨・硯・紙』という本の中で『延喜式 十三 図書』の記事「凡造レ墨，長功日焼二得烟一一石五升，煮レ烟一斗五升，二日二夜乃得レ熱 中功・短功亦同 成墨九十三延 長五寸，広八分料膠一斤（以下略）」を引用し，「宮中の図書寮で松を焼く設備を作ったとは考えられませんし，1日に松煙1石5斗を製したと解するより，油1石5斗を焚いたと解する方が，量のうえからみても妥当」とされ，『和硯と和墨』でも「日本では延喜式造墨式にすでに油煙墨の記述があるので，中国より日本が油煙墨に関しては先鞭をつけたことになる」と述べておられる。しかし，筆者がこの『延喜式』の記事を調べた限りでは，油煙墨と断定する材料は見あたらず，かえって松煙墨作りの工程を示した貴重な資料であったと推察できたのである。

次に油煙墨であるが，麻油，菜種油，桐油などを焚いて煤を集め，膠（にかわ）で練り，型押ししたものである。中国では桐油が主として用いられたが，日本では菜種油が多く用いられた。油煙墨は，中国で南唐の李廷珪がその基礎を開き，宋の熙豊年間（1068～1085）に張遇によって多く造墨されたというのが定説になっている。松井藤次氏は，『奈良の墨』という本の中で，鎌倉鶴岡八幡宮所蔵の国宝源頼朝ゆかりの硯箱に残されていた天徳年号が陽刻されている墨片を電子顕微鏡にかけて，その炭素粒子の大きさから油煙墨であると断定され，その他の資料をも合わせて，「日本では平安時代末に油煙墨が作られていた」と考察された。しかし，この墨が油煙墨であったとしても，「天徳」の年号（日本では957～961，中国では1149～1152年）から，日本製油煙墨を論じるのには無理がある。逆に，この墨は中国製油煙墨が日本に将来されたものと考えた方がより良いように思われる。さらに，前述したように，『延喜式』の記事も松煙墨の造墨記事と考えられることから，筆者は，13世紀頃の鎌倉時代に中国から油煙墨の製作技術が伝えられ，奈良の興福寺をはじめとした各種「座」を統轄している有力寺社によって油煙墨が作られるようになっていったものと考えている。

油煙墨に関する最も古い文献は『大乗院文書』の元応2年（1320）9月28日の大夫法眼に油煙2廷を贈るという記事である。15世紀も中頃以降になると，『実隆公記』や『多聞院日記』などに油煙墨の記事が多く散見されるようになり，とくに『大乗院寺社雑事記』では「明応6年（1497）10月20日」の条に「北国定使常徳法師下向，粮物一貫下行之，朝倉方御書・巻数・油煙三十廷，同下野守息虎松御書・巻数・油煙卅廷，青木専之状・油煙十廷，印牧同十廷，杉若同十廷，石田同五廷（以下略）」などとあり，戦国大名朝倉貞景（さだかげ）をはじめ，その家臣たちに95挺もの油煙墨が贈答されたことが記されている。明応3年（1494）には85挺，また

『興福寺文書』の文明年間には45挺の油煙墨が，同じように贈答されている。興福寺が越前に所有した寺領荘園の年貢納付を朝倉氏に催促する目的のために，これら225挺もの油煙墨が手みやげとして渡されたことがわかる資料といえよう。

一乗谷朝倉氏遺跡からは，2点の油煙墨が出土している。第40次調査のもの（図10）は，下部は欠損しているが，幅1.7cm（5分7厘），厚さ0.9cm（3分）を測る。上端隅は入隅形を呈しており，表面には「龍」文様が，裏面には，一段さらに深く入隅にした中に「李」とみられる文字が型押しされていた。『物類品隲』の「二諦坊墨　是南都油烟墨創造ノ古法ヲ以テ造タルモノナリ，長サ三寸，廣サ八分，某形世ニ所レ謂油烟形ト称スルモノニシテ，表ニ蛟龍背ニ李家烟ノ三字ヲ篆書ニテ記セリ（以下略)」に相当するものと思われる。第44次調査の1点も，形が少しゆがんでしまっているが第40次調査のものと同形で，幅2cm（6分7厘)，厚さ1.1cm（3分7厘）を測る。

3 水　滴

水滴は，磨墨するための水を硯へ運ぶ「水そそぎ」の器で，古くから「スズリカメ・スミスリカメ・硯瓶・水亀・硯滴・水滴」などいろいろと呼称されてきた。

最近では，中国三国時代の安徽馬鞍山市東呉朱然墓から出土した銅製水注（図11）をもって，水滴の最古の例とするむきもみられる。この水注は，漆砂硯と共伴したもので，胴部径7.9cm，高さ8.3cmを測り，3脚のとりついた壺である。口縁部には水管が壺内に円筒状にとりつき，傾けると一定量の水しか一度に出てこないようになっている（『文物』1986年第3期の11頁)。また，東晋時代の青磁羊形水滴も古い例であるが，水滴が文房具の中で確固たる格づけがなされるようになるのは，唐・宋時代になってからのことであろうと思われる。

日本では，奈良時代平城宮跡から出土した須恵器の小型平瓶，箱型水滴などが古い例であろう。大阪府和泉市槇尾山施福（せふく）寺の経塚から出土した平安時代後期の水滴は，底径6.1cm，金銀を渡金し，胴部全面に鳥・蝶・草花を線刻したものである。鈕手座や注口座は菊花形に作られている。同じような水滴は，鳥羽離宮跡をはじめ，『古事類苑　文学部49』の鶴ケ岡蔵，奈良国立博物館図録『経塚遺宝展』の坂本五郎氏蔵などで知られている。鎌倉時代になると，銅製で肩部に波頭文などを配し，注口が上面に1個みられるもの，青白磁龍頭装飾や瓜形の水滴などが，鎌倉市の諸遺跡から出土している。また，朝鮮新安沖海底の沈船からも，青磁や青白磁の道士形，魚形，牛形，水牛童子形などの水滴が引き上げられている。

室町時代には，福井県の一乗谷朝倉氏遺跡から数多くの水滴が出土している。まず，銅製のものでは長方形（図13）のものと円形（図12)のものとがある。注口は，上面中央に1個みられる。側面は，上方にむかって広がっており，石硯の場合と同じく硯箱に収まりやすいように作られているものと思われる。陶器では，瀬戸製の鉄釉壺形（図15)，注口形(図14)，水鳥形，猿形，あるいは灰釉の水鳥形などの水滴が多く出土している。注口形のものは，把手や注口部がただ付けられているだけで，穴が貫通していないものも認められる。中国製のものでは，交趾三彩の水鳥形，魚形の優品が出土している。擬宝珠形の水滴も出土しているが，これは，二次的な火を受けて釉薬が完全にとけてしまっていた。朱然墓出土の銅製水注とは逆に，底部から上部に向って円筒形の水を入れる穴を設け，注口と直角方向にとり付けられていた把手を傾けると，注口部から一定量の水が出るという構造になっている。中国や安南の染付磁器の中に類例が認められるものである。江戸時代になると，それまで主流だった動物形水滴に加えて，果実や植物形のものも多種類作られるようになり，文房や机の上を飾るワンポイント美術品として文人の間で広く愛玩されたものとみられる。

4 その他の文房具

毛筆は，前述の平城京右京五条四坊の第100次調査と，御坊山3号墳出土のガラス製筆管，長野県で筆の穂先（『考古学ジャーナル』No. 257）などが出土している。正倉院には，17本の筆が伝世されており，天平筆として貴重な資料となっている。

大阪府菱木下（ひしきした）遺跡からは，14世紀頃の遺物と共伴して亀形石製品が出土している。長さ5.9cm，両眼・口・4脚・尾などが線刻されていて，報告では文鎮と考えられている。東京都文京区白山（はくさん）4丁目遺跡からも，江戸時代の石製棒状の文鎮が出土しており，表面には「定」の字が刻まれていた。

出土銭からみた撰銭令

広島県埋蔵文化財調査センター
是光吉基
（これみつ・よしき）

全国各地で発見される備蓄銭の存在は渡来銭の大量流入による
蓄財のあり様を示し，撰銭令発布の増加を顕著に裏づけている

平安時代の後半頃，中国から多量に輸入されるようになった渡来銭は，室町時代になると国中に銭満ちる状況が生まれ，多くの有徳人（うとくじん）の出現をみるにいたった。このような状態は，戦国時代に入っても変わることなく，さらに富の集中に奔走する多くの人々があらわれ，また，種々の方法を用いて悪銭をつくりだし，流通させて蓄財に向った人々も多く存在していたと考えられる。とくに室町時代中期以降，各地で撰銭令（えりぜにれい）の発布が増加していった事実は，その様相を顕著に物語っているものであろう。

本稿では，このような点に視点をおき，戦国時代の遺跡より出土した銭貨から導きだされるいくつかの問題について若干の検討を加えてみたい。

なお，取りあげた資料が地域に偏りをもっていることを最初におことわりしておきたいが，将来的には各地で十分な分析が行なわれることを期待したい。

1　出土銭遺跡の概要

ここでは管見にふれた主要な遺跡から出土した銭貨の概要を記しておきたい。

浪岡城跡[1]（青森県南津軽郡浪岡町）

現在も継続調査が行なわれている城跡で，多量の銭貨が出土している。とくにSP10遺構からは903枚の，またSP11遺構からは5,971枚の銭貨が出土した。

SP 10 遺構出土の銭貨は，縄紐状の部分が若干遺存しているところから考えるとさし銭の状態であったことが窺われる。銭種は35種で，これに無文銭がある。最も新しいものは朝鮮通宝である。最多枚数の銭貨は洪武通宝で275枚，次に無文銭が257枚，判読不能銭120枚で，以下の銭種は35枚から1枚までである。

SP 11 遺構の出土銭はさし銭の状態で検出された。銭種は無文銭を含めて56種で，その他に判読不能銭がある。最も新しい銭貨は永楽通宝で，最多銭は皇宋通宝の546枚，以下洪武通宝の533枚，

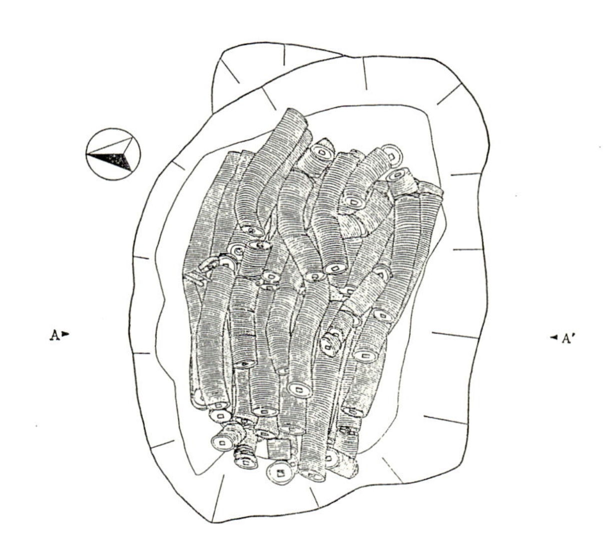

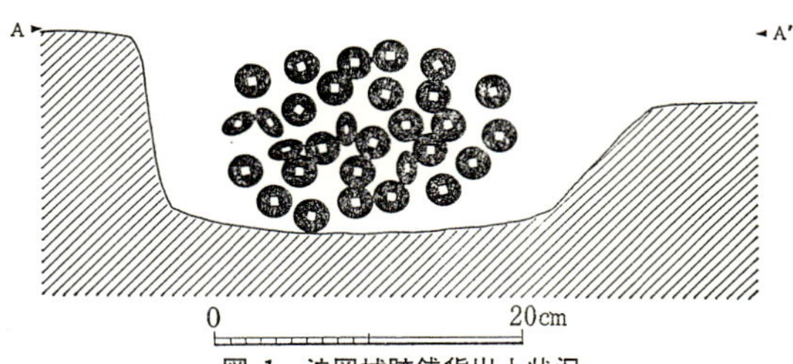

図１　浪岡城跡銭貨出土状況

元豊通宝500枚，永楽通宝483枚，熙寧元宝407枚，元祐通宝401枚，無文銭378枚，開元通宝367枚，判読不能銭276枚，天聖元宝225枚，聖宋元宝200枚で，それ以外の銭種の枚数は194枚から1枚までである。本城跡の出土銭のなかで注目されるのは無文銭がかなりの部分を占めていることと私鋳銭の多いことが指摘されている点である。

笹間館跡[2]（岩手県花巻市北笹間）

本館跡からは462枚の銭貨がさし銭の状態で出土した。銭種は38種で，2枚の判読不能の銭貨がある。最も新しい銭貨は永楽通宝で，最多枚数の銭貨は元豊通宝48枚，開元通宝44枚，洪武通宝41枚，皇宋通宝40枚，元祐通宝39枚，永楽通宝39枚，熙寧元宝37枚で，残りの銭種は25枚から1枚である。このうちの洪武通宝，永楽通宝は磨耗が少な

いという特色がある。また，無文銭は２枚と非常に少ない。

石白遺跡[3]（新潟県南魚沼郡湯沢町）

木箱が２箱発見され，271,784枚の銭貨が検出された。銭種は83種で，最も新しい銭貨は朝鮮通宝である。最多枚数の順に記すと皇宋通宝28,551枚，元豊通宝27,751枚，永楽通宝25,196枚，熙寧元宝23,547枚，元祐通宝20,793枚，開元通宝17,885枚，洪武通宝11,939枚，天聖元宝11,298枚で，以下9,761枚から１枚である。出土銭のなかに明らかに私鋳銭とわかる天宋宋宝１枚が含まれている。また銭種の多さも注目に値する。そして，永楽通宝，洪武通宝の明銭がかなり多量に出土していることは注意しておく必要がある。

葛西（かさい）**城跡**[4]（東京都葛飾区青戸）

第83号井戸跡からさし銭状態の銭貨が4,771枚出土した。最も新しい銭貨は宣徳通宝で，58種の銭種がある。最大数量の銭貨は元豊通宝で547枚，永楽通宝488枚，皇宋通宝479枚，熙寧元宝428枚，元祐通宝356枚，開元通宝322枚，天聖元宝303枚，洪武通宝213枚で，以下銭貨の枚数は172枚から１枚である。このなかには淳元通宝１枚があり，私鋳銭と考えられる。

秋山遺跡[5]（埼玉県児玉郡児玉町秋山）

出土銭は２個体分の常滑焼甕に埋納されていたもので，現在，5,206枚の銭貨が確認されている。銭種は62種類で，最も新しいのは大世通宝である。出土銭のうち最多のものから列記すると皇宋通宝の520枚，元豊通宝500枚，熙寧元宝450枚，開元通宝449枚，洪武通宝441枚，元祐通宝389枚，永楽通宝382枚，元聖元宝209枚で，残りは186枚から１枚である。これらのなかにはかなりの削銭が含まれている。

大井城跡[6]（長野県佐久市大字岩村田）

当城跡では，172点の銭貨が出土しているが，このうちの97枚はTa４号竪穴遺構からさし銭の状態で出土している。最も新しい銭貨は宣徳通宝である。最大枚数の銭貨は永楽通宝で16枚，次に皇宋通宝の13枚，開元通宝10枚，熙寧元宝９枚で，残りは５枚から１枚である。本城跡の出土銭は全般に磨耗したものが多く，また，私鋳銭がかなり存在していることは留意されよう。

下右田（しもみぎた）**遺跡**[7]（山口県防府市大字高井）

東・北・西の三方をコの字状に溝で囲った屋敷地内の西隅の土壙18より備前焼壺に納入された状態で銭貨が出土した。出土銭は13,495枚で，最も新しい銭貨は宣徳通宝で，銭種は63種である。最大枚数の銭貨は永楽通宝の1,709枚，以下，元豊通宝1,382枚，皇宋通宝1,297枚，元祐通宝992枚，開元通宝891枚，洪武通宝650枚，天聖元宝514枚と続き，残りは461枚から１枚である。なお，本遺跡では永楽通宝がかなりの部分を占めていることは興味深い。

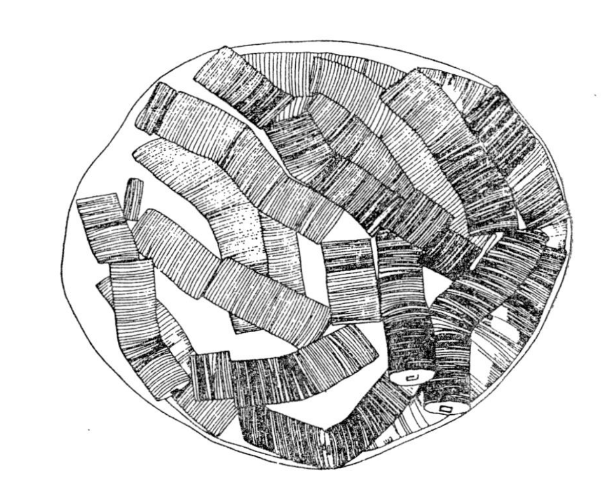

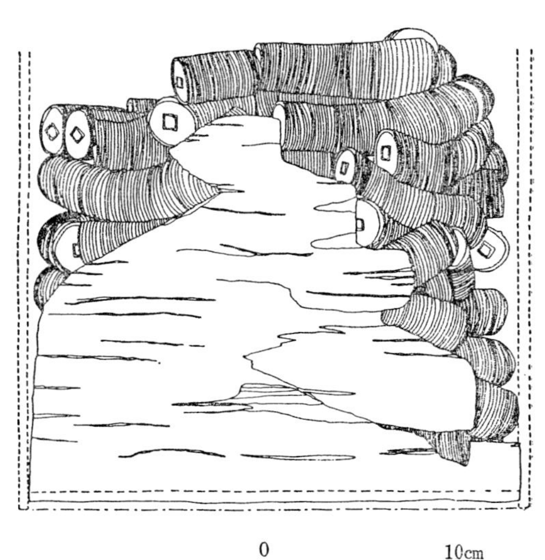

図２　宮尾遺跡銭貨出土状況

宮尾遺跡[8]（島根県隠岐郡西郷町大字東郷）

銭貨は，曲げ物の容器に入れられた状態で出土した。出土銭は8,716枚で，二本縒りの紐を通して，束ねられて納められている。最も新しい銭貨は宣徳通宝で，銭種は58種である。最多枚数の銭貨は永楽通宝の928枚，次に元豊通宝706枚，皇宋

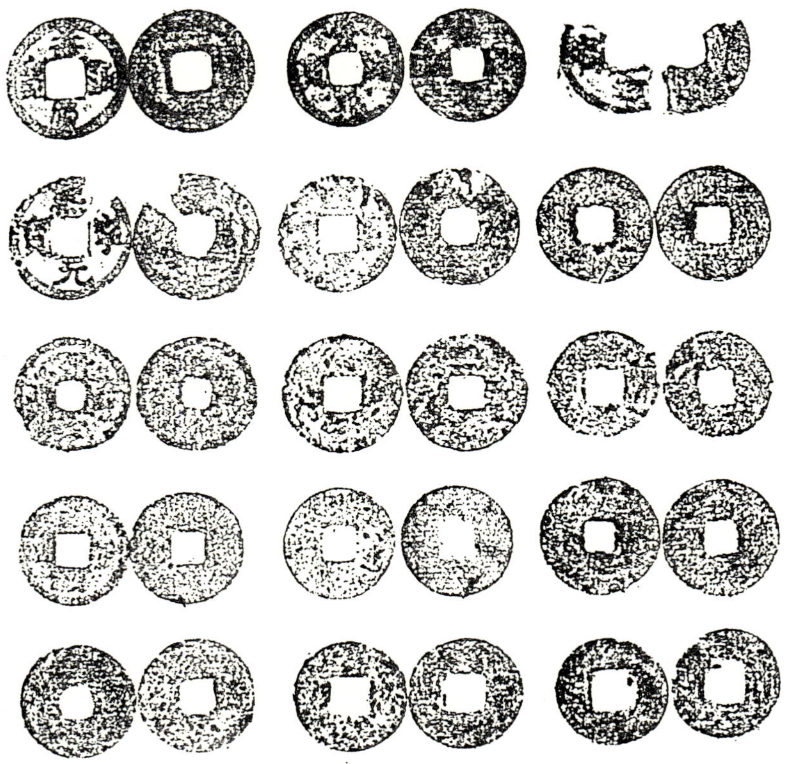

図 3　根城跡出土銭拓影

通宝612枚，開元通宝498枚，熙寧元宝492枚，元祐通宝488枚，天聖元宝297枚，洪武通宝273枚で，後の銭種は254枚から1枚である。本遺跡でも永楽通宝が最も多いことは注目される。

2　出土銭からみた撰銭

限定された資料ではあるが，戦国時代における出土銭について瞥見してきたところである。以上の点よりまず第1に注意されるのは，出土銭のなかに無文銭が含まれていることであろう。ただ，この銭貨は，すべての遺跡から出土しているのではなく，例えば北海道志海苔遺跡[9]，青森県根城跡[10]，同県浪岡城跡，あるいは宮崎県五ケ瀬町三ケ所遺跡[11]など京畿より遠隔の地での出土例が圧倒的に多い。第2には，銭貨の縁や内郭部分を削り取ったり，放射状に刻目をいれたりして手を加えた削銭が多く認められることである。第3は，さし銭で出土した銭貨の枚数についてである。一例をあげるならば，浪岡城跡では，1さし100枚のもの36さし，1さし99枚のもの5さし，1さし101枚のもの3さし，1さし87枚，89枚，91枚，93枚，94枚，97枚，98枚，102枚，119枚のもの各1さしずつとなっている。このように，1さしの枚数が一定でなく，かなりばらつきがみられることは注意されよう。

これらの点からまず想起されるのは，戦国時代に著しく増加した撰銭の実態であろう。すでに小葉田淳氏[12]は，該期に撰銭が多くなった要因として次のように考えられている。

1.　明銭は概して皆優良で，在来の銭貨のある種のものとの間に優劣の差が顕著となった。

2.　流通銭の主体は宋銭で，羅焼禍乱の争闘により銭貨の自然的摩損に加えるに人為的な破壊によることが多くなった。

3.　私鋳銭の流通の増大にともない銭貨の選別行為が盛んになったことによる。

また，不正な使用数量の検出に対しても撰銭の語が用いられていると論じている。

それでは，実際にどのような銭貨が撰銭の対象になったのか検討が行なわれなければならないが，現状ではまだ不十分な状況にある。永禄3年(1560)の撰銭令では，京銭，うちひらめが撰銭として掲げられている。京銭については中国・南京周辺で鋳造された私鋳銭や日本で鋳造された私鋳銭であると考えられているが，一般には状態の悪い私鋳銭が該当しよう。うちひらめは文字のない無文銭が想定できる。京銭と考えられる私鋳銭の場合，当時の人々はこれをどのように認識し，選別していたのか現段階では具体的に把握することはできないが，銭銘が不分明な状態の銭貨や重量の軽いもの，また，小穴などが多い鋳上りの悪い銭貨はこの範疇でとらえることができる。

沢田正昭氏[13]は，青森県根城跡より出土した銭貨の分析を行ない，日本製の銭貨は重量が軽く，銭径も小さいことを明らかにされている点は注目されよう。そして，この種の銭貨は，無文銭の多く出土した遺跡では認められるが，これ以外の地域の遺跡では少量程度の出土で，撰銭が行なわれていた可能性が推定できる。しかしながら状態の良い私鋳銭の場合には選別することは困難である。例示するならば，葛西城跡出土の淳元通宝は鋳上りも良好で，流通銭のなかからこれを私鋳銭として識別するのは難かしく，善銭として流通していても何ら支障のない銭貨である。当時の技術をもってすれば，この程度の銭貨の鋳造は容易で，各地で大量につくられたことは想像にかたくない。ただ，ここで注意を要するのは私鋳銭を鋳造する際に銭種が限定されていたのではないかと考えられることである。つまり，いずれの銭貨も鋳上り後の状態は燦然とした輝きをもっており[14]，古色を有す銭貨とは一目でみきわめができるために，ふる銭に似せて鋳造してもそれが私鋳銭と容易に判明するからである。そうすると私鋳銭をつくる場合，自ずと当時輸入されていた銭貨が手本となり，戦国時代においては永楽通宝や宣徳通宝などの明銭であった蓋然性が高く，文明17年（1485），大内氏によって発布された撰銭令にみられるように永楽通宝や宣徳通宝が善銭としてみなされなかった原因をこのあたりに求めることができるのではなかろうか。そして，明銭の私鋳銭が莫大な量であったとみても差しつかえないであろう。そのことは一般に出土銭のうちで宋銭の占有率が80〜90%を占めているといわれるが，個々の銭貨では洪武通宝，永楽通宝が高い出土率を示し，私鋳銭の多いことからも窺知できる。

一方，うちひらめと考えられる無文銭は，前記した遺跡などから大量に出土しており，無文銭は善銭と同様の価値をもって該地で広く流通していたと思われ，撰銭令の必要のない地域であったといえよう。

また，関東地方の遺跡からは大世通宝や世高通宝の琉球銭や安南銭が比較的多く出土しており，他地域における様相とはやや異なっていると思われ，これらの検討も必要となるであろう。

次に，さし銭の枚数であるが，浪岡城跡出土のさし銭でみてきたように100文を中心にして幅があり，一定した枚数でつくられたものではなかったことから一さしは重量でつくられたと推定できる。そして，削銭や無文銭などの悪銭が含まれた場合には，枚数の増加を促したと考えられ，これらのさし銭を分析することによって善銭と悪銭の抽出も可能となるであろう。

3 おわりに

以上，戦国時代における出土銭から派生する若干の問題について述べてきた。現状では出土銭の分析も不十分で，今後に期すことが大であるが，撰銭の実態を把握する場合，各地から出土した銭貨の検討が十分に行なわれなければその様相を明らかにすることは困難である。そしてとくに撰銭令の発布がされている近江の浅井氏，甲斐の武田氏，下総の結城氏，相模の北条氏，あるいは中国地方に勢力をもっていた毛利氏などの支配地域における出土銭の詳細な分析が行なわれることによってそれを反映しているのか否かを詳らかにすることができ，戦国時代における銭貨の流通状態などを具体的にとらえることができるのである。それはまた，戦国時代の後半頃にかけ各地で貫高から石高に変わっていた状況を明らかにすることにもなるであろう。

註

1) 浪岡町教育委員会『浪岡城跡Ⅷ』1986
2) 岩手県文化振興事業団埋蔵文化財センター『笹間館跡発掘調査報告書』1988
3) 湯沢町教育委員会『伝・泉福寺遺跡一石白中世備蓄古銭の報告一』1976
4) 葛西城址調査会『葛西城　葛西城址発掘調査報告』1983
5) 栗原文蔵「児玉・秋山出土の備蓄古銭」研究紀要，8，1986
6) 佐久市教育委員会『大井城跡（黒岩城跡）』1986
7) 山口県教育委員会『下右田遺跡　第4次調査概報・総括』1980
8) 隠岐島後教育委員会『宮尾遺跡発掘調査概報』1984
9) 市立函館博物館『函館志海苔古銭』1973
10) 八戸市教育委員会『史跡根城跡発掘調査報告書Ⅱ』1980
11) 三谷美徳「宮崎県五ヶ瀬町三ヶ所坂本城址出土銭について」ボナンザ，200，1982
12) 小葉田淳『日本貨幣流通史』1969
13) 沢田正昭「第Ⅷ章　岡前館出土古銭の材質分析」『史跡根城跡発掘調査報告書Ⅲ』1981
14) 「備蓄銭の埋蔵年代」ひろしまの遺跡，30，1987
東広島市志和町善福寺南遺跡から約20,000枚の銭貨が出土している。このうちの永楽通宝は1,700枚余をかぞえ，鋳造直後の光沢をもっているものが約1,200枚ある。

戦国時代の信仰

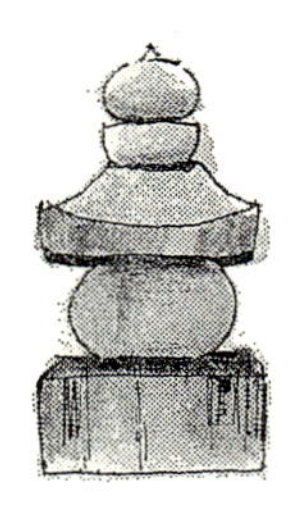

新しい秩序を求め混沌とした戦国時代は信仰の事相もこの動向と切り離せないが，ではいかなる信仰の形態が存在しただろうか

供養塔と納骨／一字一石経の世界

供養塔と納骨

元興寺文化財研究所
藤澤典彦
（ふじさわ・ふみひこ）

戦国時代は墓塔の急激な増大と，有名な霊場への納骨が盛んになる。ともに中世村落の経済的発展に根ざした動きである

1　戦国時代の信仰的諸問題

戦国時代はその「戦国」のイメージとはことなり，信仰的には日本全国的な動きの活発な時代であった。例えば江戸時代において庶民信仰として定着する信仰の多くのものの庶民化の基礎がこの時代にできあがっているのである。例えば，西国三十三所順礼，六十六部回国納経，高野山を代表とする諸国霊場への納骨などがそれである。これらの巡礼的信仰とは異なり，在地に根づいた信仰においても，念仏講を代表とする講組織は各村落において急激な展開をとげる。

その背景には中世村落の経済的発展があったと言われる。それは自治的村落である惣村（そうそん）の成立と軌を一にした動向であり，その背景には自己意識の確立がともなっていた。その結果は必然的に新しい秩序を求める動きとなる。戦国時代とはその新しい秩序を求める混沌たる時代であるとともに，その動きの根元が在地に根ざしたところに発している新しい英雄時代でもあった。信仰の問題もこの動向と切り離して考えることは出来ない。

2　供養塔の諸問題

上述の諸信仰以外に，戦国時代になって急激な展開を示すのが墓地の問題である。とくに墓塔の急激な増大が顕著な特色として挙げられる。畿内の場合，戦国時代以前の墓塔としては五輪塔が数量的に最も多く，ついで宝篋印塔（ほうぎょういんとう）・名号板碑・宝塔などの順になるであろうか。数量的増大とともにこれらの墓塔は小型化してゆく。それと同時に新しいタイプの塔が出現し塔形が多様化する。新しい塔の代表が一石五輪塔と舟形光背板碑といえる。一石五輪塔は普通の四石彫成五輪塔とは異なり一石に五輪塔形を刻んだもので，高1尺〜2尺のきわめて小型の五輪塔である。舟形光背板碑は五輪塔を浮彫したものが数量的には最も多く，最初は五輪塔の省略形として成立したと考えてよいが，少数ながら宝篋印塔・宝塔を刻んだものもみられる。初出は一石五輪塔の方がやや早く室町中期頃に考えられる。

この他に半截五輪塔・石龕五輪塔・圭頭状五輪板碑などや，塔ではないが舟形光背石仏・石龕仏・圭頭状仏像板碑・自然石板碑などがみられる。これらは前代からの形の系譜を引きながら小型化し，また形態的に混合しあってさまざまなタイプのものが出現してくる。例えば石龕や圭頭状板碑では塔が単基のもの，双基のものがあり，仏像が単体・双体・三体のもの，また塔と仏像の並列したものなどさまざまなものがみられる。またこれら各形式の分布もそれぞれに特徴をもち，その分布の背景に文化的背景の異なりがみられる。

例えば舟形光背板碑は大和中北部を中心に展開し，山城南部・河内などにも比較的濃い分布がみられる。一石五輪塔は大和南部および和泉地域に大きな分布をみせ，高野山との文化的関連の強さをみせている。このように，大和・河内においても地域によりその地の主流になる石塔に相違がみられるのである。また石仏でも大和と京都では大きな相違がみられる。大和の場合，地蔵立像が多くどちらかといえば阿弥陀は少ない傾向にある。その阿弥陀もほとんどが来迎印の阿弥陀立像である。ところが京都では地蔵より阿弥陀坐像の方が圧倒的に多く，印像も来迎印ではなく弥陀定印なのである。信仰史的には来迎印の阿弥陀に対する信仰の方が新しく，定印の阿弥陀の方が古いといえる。京都の石仏は伝統的な古い信仰を伝えているのである。また石龕仏の場合，大和・山城地域のものは屋根部分が軸部とは別石になったものが主流であるが，京都では屋根まで一石で造ったものがほとんどである。このように地域の文化的背景によって主流になる石塔・石仏はその相を変えるのである。

このことは全国的にみられる現象であり，塔の種類としては基本的には五輪塔の所が多いようであるが，所によっては五輪塔より宝篋印塔が多くみられる地域，四石彫成の五輪塔しかみられない所とか，一石五輪塔が集中的にみられる地域，板碑の多い地域，自然石板碑の集中する所など地域によりさまざまな特色がみられる。

どの種類の塔が主流になるかについては地域によって異なるが，どの地域についても共通するのが，石塔の急激な量的増大と小型化である。この現象の示すところは，造塔階層の拡大と個人墓塔造立風潮の成立である。室町中期までは個人の墓塔を造立するのはせいぜい貴族・武士・僧侶までであったが，必ず塔を造立したものかどうか正確なことは不明といわねばならない。戦国時代に入ると上層農民＝名主階層，下級武士階層まで，都市においても上層町民にまで造塔の風が広がったと考えられる。それは戦国時代の活力がこのクラスの人々の動向そのものであったことをよく示している。

新しい時代の到来は戦国大名や土豪層にとっては一面では一族の消長を賭けた大きな試練の時でもあった。全国的に戦国時代末で途切れる多くの墓地がみられるが，それらはこの状況を反映したものと考えられる。例えば四国香川県の弥谷(やたに)寺は鎌倉時代以来の納骨霊場である。山内各所に磨崖の五輪塔浮彫が崖一面に見られる（口絵1）。その五輪塔の水輪部や地輪部に大きな穴があけられており，遺骨が漆喰などで塗り込める形で納められていたと考えられる。それらの五輪塔は鎌倉時代の形をしており，弥谷寺の納骨の古さを示している。その弥谷寺に香川氏の墓所（口絵2）が営まれている。香川氏は天正13年に秀吉の四国攻略により滅ぼされ，以来墓地は廃絶していたが，それが近年掘り出されて境内の一角に集められている。そこには室町時代を通じての五輪塔が多数みられる。

長野県須坂市井上には戦国時代に井上氏なる土豪がいたが，その館跡とされる近辺から室町時代の五輪塔・宝篋印塔が掘り出され集められている（口絵3）。館近辺に一族墓を形成していたものと考えられるが，いずれの石塔も戦国時代までのものであり，戦国時代で廃絶した墓地と考えられる。このように戦国時代で途切れる墓地は全国いたるところに見られる。それらは戦国期における土豪の消長に関連したものとして捉えられる。

3 墓地と納骨

遺骨の一部を墓地以外の所に納める納骨は，平安時代末から文献にみられる。大和周辺にみられる墓地の場合，石造遺品などから起源を平安時代末から鎌倉時代初期に考えられるものが多く，墓地埋葬と納骨の営みが本来一体のものであったことを示唆している。家・一族の範囲を超えて墓が集合する墓地の成立は平安時代末以降になる。その場合，墓地点定の重要な要因はその地が，その墓地に結集する周辺の人々にとっての聖なる地＝霊場であることが必要であった。墓地とは霊場への埋葬・納骨として成立したと言える。その核となる霊場性は在地の人々にとってはいわずもがなの了解事項ではあっても，その地が霊場であることの印が求められる。その印が総供養塔と呼ばれる石塔であり，また別の場合には経塚の造営がそれであった。これらの営みはその地を霊場として聖別することでもあった。

畿内とくに大和・河内・南山城地域の墓地にお

いては墓地中央に総供養塔とされる大型の石塔が建てられている例が多く見られる。有名なものとしては山城木津惣墓の五輪塔がある。この塔には「泉木津僧衆ホ，廿二人同心合力，勧進五郷甲乙諸人，造立之各毎二季彼岸，光明真言一万返，阿弥陀経四十八巻誦之可，廻向法界衆生，正応五年壬辰八月日」の銘文および追刻銘がある。毎年二季の彼岸に執り行なわれた仏事内容がよく知られる。この石塔は元来覆い屋の中に入れられていただろう。多くの総供養塔と考えられる石塔はほとんどのものが覆い屋に納められていたと考えてよい。同様の石塔で現在覆い屋に入っているものとしては奈良県生駒市の輿山墓地総供養五輪塔（口絵4）がある。これは行基の墓上に建てられているものであり，行基の供養塔であると同時に総供養塔としての役割も担っているのである。輿山墓地の霊場性は行基墓の存在にあり，行基墓の近辺への埋葬・納骨として墓地が成立したのである。輿山墓地にはこの五輪塔以外に総供養塔と考えられる宝篋印塔（正元元年＝1259）が1基ある。

一般に解放されたいわゆる墓地ではなく性格的にやや異なるが，同様な構造が輿山墓地のすぐ近くにある竹林寺境内にある忍性の供養塔の場合にも認められる。忍性の供養塔も忍性の遺骨を鎌倉極楽寺・額安寺・竹林寺の三寺に分骨したものの一部であり，近年，額安寺・竹林寺ともに発掘調査がなされており，忍性の遺骨を納めた舎利瓶とともに弟子たちの遺骨を納めた分骨容器が出土している。極楽寺の場合はすでに蔵骨容器が出土しており，その舎利瓶記からこの三寺に分骨したことがわかっていたが，近年の発掘でこの銘文内容が裏づけられた。ちなみに竹林寺から出土した蔵骨容器にも極楽寺のものとほぼ同内容の銘文が刻まれていた。忍性供養塔はそれぞれに巨大な石塔であるが，極楽寺の場合は境内絵図から覆い屋の中に入っていたことがわかる。竹林寺の場合も発掘の結果を見ると覆い屋があったことが推定でき，堂内の塔の前方部に多くの納骨容器が埋納されていた。額安寺の場合は覆い屋の痕跡が明瞭ではないが，おそらくあったと考えてもよいだろう。額安寺の場合も塔下に追納骨が行なわれている。忍性墓の場合は寺院内および弟子たちという閉ざされた範囲の人たちにとっての聖地への納骨であり，その覆い屋は納骨堂でもあった。

一般に開かれた納骨の例として，元興寺極楽房納骨がよく知られている。元興寺の場合は奈良時代の僧智光の感得した智光曼荼羅に対する信仰を室町時代まで受け継ぎ，『大乗院寺社雑事記』に「当房ハ西方有縁之地也，可仰可信」と見られる霊場性を有していた。この極楽坊にも，かつてその中心に塔の建っていたことが『極楽房記』の「中央方一間四面に各々，安養を図し，中心に石浮図あり」の記載から知られる。この石塔は江戸期になって五重小塔にとって変わられたようで，五重小塔の基礎と考えられる石組が確認されている。

このように堂内に五輪塔を安置したあり方は個人の墓塔の場合にも見られるが，その個人がきわめて聖性をもった人物である時にはその塔・堂ともに納骨の施設になり得るのである。堂の中心に五輪塔を配する構造は，後の納骨堂に受け継がれて残ってゆく。例えば西大寺骨堂は方1間の小さな堂であるが，その中心に五輪塔があり，堂内の柱などに納骨五輪塔が打ち付けられ，不用になった位牌が投げ入れられていた。

さて墓地の総供養塔が覆い屋を有するものであり，そこへの納骨が行なわれたことについて述べたが，総供養塔とされる塔には，地輪の下辺中央，または返り花座下辺中央部に径2寸程度の円形繰り込みの施された物が多くみられる。例えば大阪府河南町の寛弘寺神山墓地塔，奈良県天理市中山墓地塔，奈良市称名寺塔（口絵5），奈良市大慈山墓地塔，奈良市十念寺塔，奈良県都祁村来迎寺塔などに見られる。

中山墓地塔の場合，返り花座の中心を大きくくり抜いてあり，地輪下部から挿入した遺骨が下に落し込める構造になっている。元の位置を保っている塔がどれだけあるか不明だが，このような納骨のための穴がくってある塔は地輪下に瓶または石組などで納骨為の施設がなされていたと考えられる。これらの例を見るとき，基本的には総供養塔およびその覆い屋は納骨塔・納骨堂であったと言える。祖師の墓塔に遺骨を納骨していく禅宗の海会塔にならったものとしてよいだろう。この時期にどの程度まで個人の墓塔を造立したかいま一つ明瞭ではない。『餓鬼草紙』に見られるように木造塔婆だけであったものも多かったと思われる。石造墓塔を造立しなくても総供養塔下に納骨することによって，墓塔と同じ意義を有した。また墓地に会する者すべての納骨を受け入れることによりまさに墓地全体の惣供養塔であったと言えるのである。すなわち総供養塔とされる塔は塔自体に納骨施設が施されていなくても基本的には納骨塔であり，その覆い屋は納骨堂であったといってよいだろう。そして平安末から南北朝までの間に，総供養塔が多く造られたのである。

そして総供養塔が納骨塔あるいは納骨堂としての機能を果たしている間はそれほど多数の個人墓塔は造られなかったということが言えるであろう。南北朝からほぼ100年後の戦国時代頃になって急激に墓塔が増大するが，背景には総供養塔が本来の納骨堂としての機能を果たさなくなったことが考えられる。それは多くの名主層の台頭により墓地への結集基盤が分裂解体したからであろう。それとともに総供養塔は単なる墓地の標識的性格を強め，個人の墓塔が必要とされるにいたるのである。同時に墓地自身が有した霊場性が希薄になり，より有名な霊場への納骨が盛んになってくるのである。

4 納骨の展開

納骨信仰とは墓地以外に遺骨の一部を霊場に納めることにより，死者の極楽往生を願うことである。故にその地は浄土あるいはそれに近い所と意識されていなければならない。そのような場所の代表は高野山だといえる。各地にある納骨霊場はほとんどが小高野なのであり高野山の地元版であるといってよい。高野山納骨は文献的にみるとき万壽3年（1026）の上東門院の納髪，嘉承2年（1107）の堀川帝の納髪，仁平3年（1153）の御室覚法法親王の納骨などに始まる。11世紀前半にほぼ高野山納骨は始まっていたであろう。堀川帝の納髪の場合，『中右記』に納髪を合理化する論理が開陳されていて，納骨・納髪の風習が始まらんとする時期の状況が記されており興味深い。覚法法親王の場合は『兵範記』にその様子が記されているが，「法橋覚深奉御懸御骨，直登高野山，奉殯彼山御塔」とみられる。この中の「御懸御骨」の

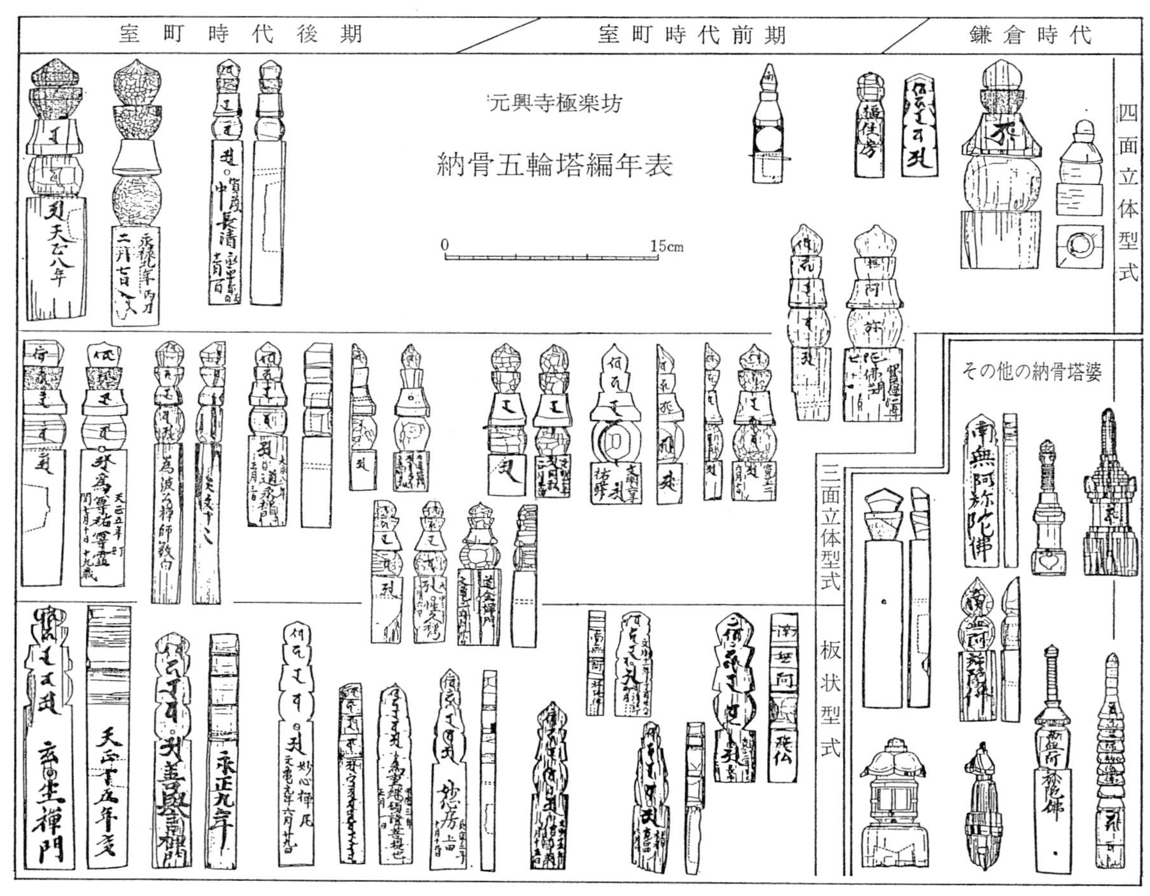

図1　元興寺極楽坊納骨五輪塔編年表

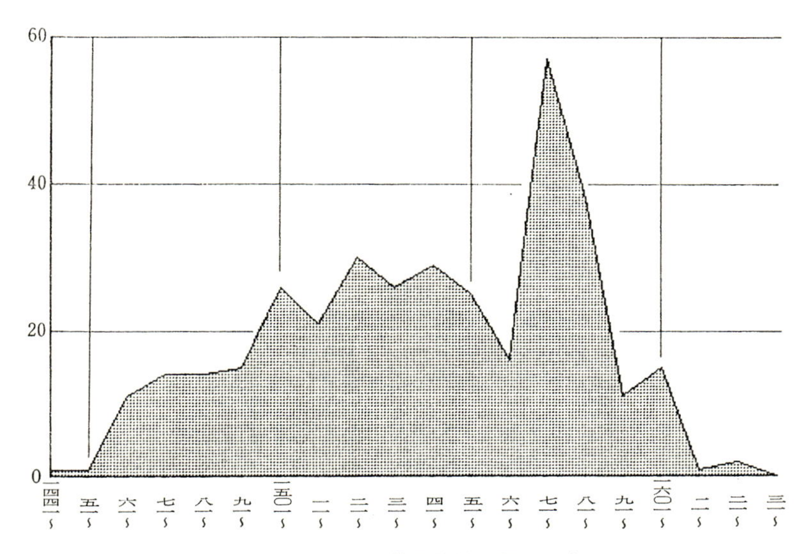

グラフ 1　元興寺有紀年納骨塔婆年代別分布グラフ

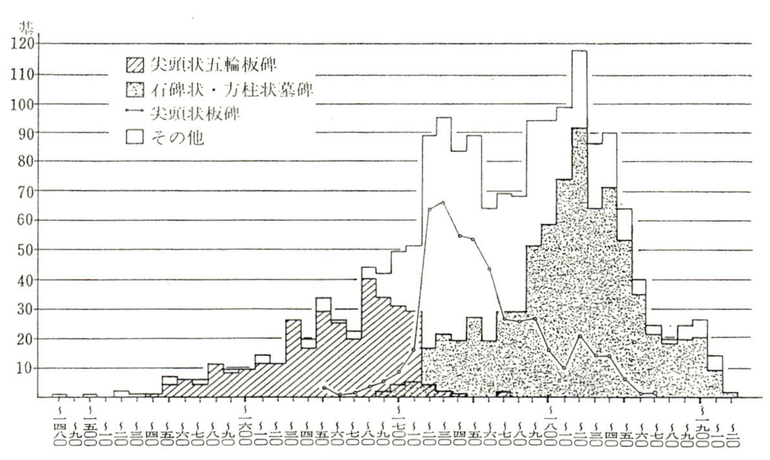

グラフ 2　木津惣墓有紀年墓標年代別分布グラフ

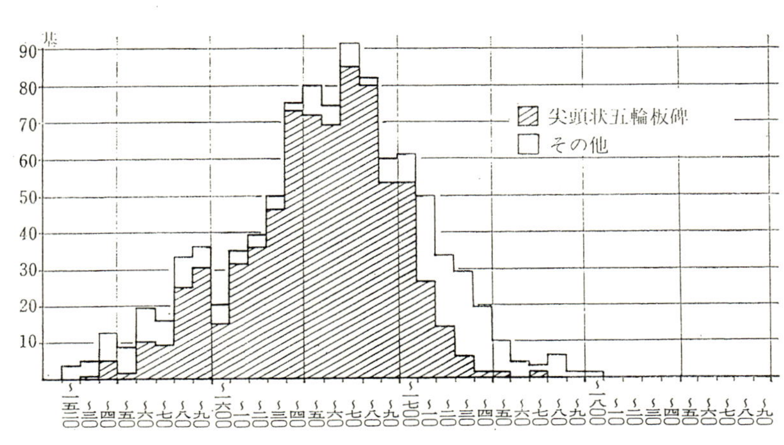

グラフ 3　元興寺有紀年墓標年代別分布グラフ

表現は納骨に行くときのスタイルであり，資料的にはよくみられる。この表現がこの時点に見られることは高野山納骨が12世紀半ばにはすでに定着したものになっていたことを示しているだろう。平安時代末の末法思想の広がりと浄土教的思考の広がりの中で，より確実な浄土への往生が求められた。高野山が本来彌勒浄土を待つ所から浄土そのものと考えられるにいたり，そこへ納骨するようになったのである。

奥の院周辺は二度にわたって発掘されており，遺物も多く出土している。それらの遺物は埋教関係遺物と納骨関係遺物とに大別出来る。埋教と納骨は同時に行なわれていることが文献的に認められ一連の行為であったが，大きな流れとしては埋教遺物から納骨遺物への流れが認められる。納骨の場も弘法大師廟の近くから時代が降るにつれて徐々に離れた所まで広がりを見せる。

大師廟から離れた地である新燈籠堂の建設の事前調査では上層に多数の一石五輪塔が折り重なるように見いだされ（図2），その下層には小さなピット状に遺骨がたくさん見いだされた。それらの遺骨はおそらく有機質の容器に入れられており，容器の腐食したあと遺骨の詰まったピットとして検出されたのである。その遺骨と一石五輪塔はセット関係にあり，埋骨した上に一石五輪塔が建てられたのである。さらにその下層から13～14世紀の中国製白磁・青磁蔵骨容器がみられた。遺物の量から見るとき燈籠堂建設に伴う調査では，一石五輪塔は5,000基を超

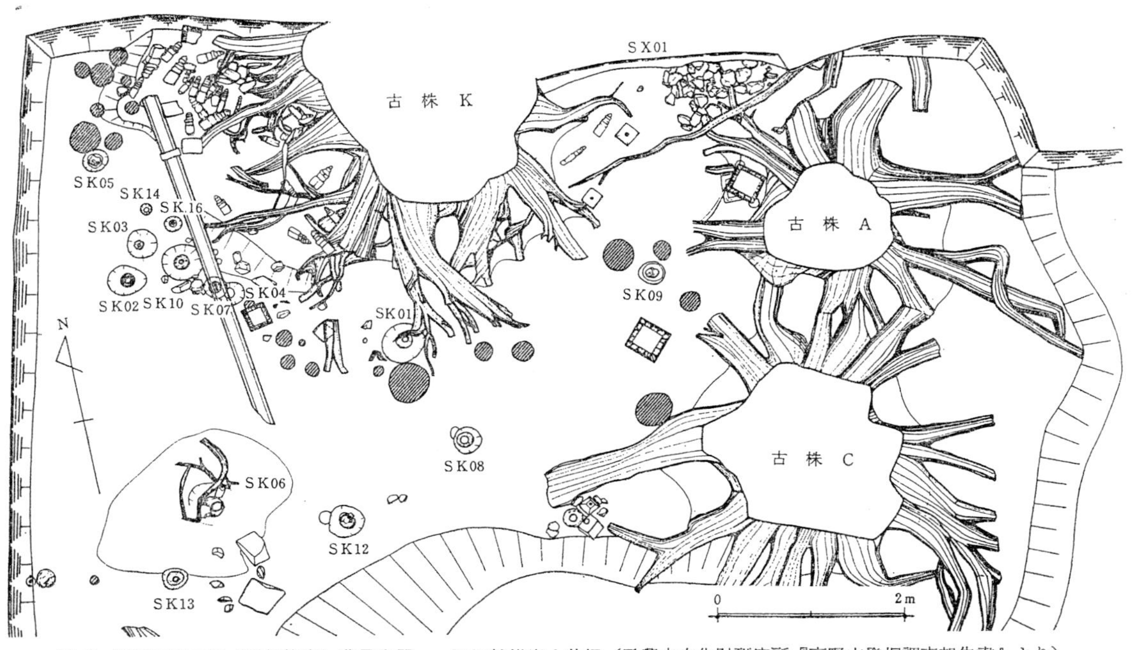

図 2 高野山奥之院（新灯籠堂）蔵骨容器・一石五輪塔出土状況（元興寺文化財研究所『高野山発掘調査報告書』より）

える圧倒的な多さであり，一石五輪塔を造立するようになった15世紀半ごろになって高野山納骨が急激な展開を遂げたことが見いだされる。

この一石五輪塔の完全な調査はなされていないが，見通しとしては16世紀になってから数量的には急激な展開を示すと考えている。高野山納骨を鼓吹し全国に広めたのは高野聖たちであった。またこうした聖たちによって各地に小高野としての納骨霊場が形成される。

そのような納骨霊場の中で，元興寺極楽坊の場合は残されている資料も多く，納骨信仰の展開を見る上で重要な資料を提供する。元興寺は智光曼荼羅に対する信仰を中心に平安時代後期には百日念仏が行なわれていた。寛元２年（1244）に僧坊から極楽堂を切り離している。念仏会に連なる人々のための墳墓堂的なものへの転換であり，それ以降極楽坊納骨が開始されたと考えられる。納骨の容器としてはおもに納骨塔婆（90％以上が五輪塔）・竹筒納骨容器が使用され，遺骨の一片を入れて本堂内に納めた。元興寺には約 2,000 基の納骨塔婆が残されているが，その形式から見るとき鎌倉時代のものが見られ，元興寺納骨が鎌倉時代に開始されたことが裏づけられる。しかし，最初の頃はごく限られた範囲の人々のなかで行なわれていたと考えられる。それが一般に解放されるのは，おそらく室町時代になってからのことと考えられる。グラフ１は元興寺在年号銘納骨塔婆年代別分布を示したものである。古い納骨塔婆には年号銘の記されているものはなく，このグラフに鎌倉時代のものが入っていないが，15世紀半ば以降の納骨の展開はこのグラフに見えるパターンがほぼ実態を示していると考えてよい。ただ元興寺の場合，江戸の始めに堂内の清掃を行なっており，堂内遺物を本堂前の池に埋納している。現在残されているのはそれが発掘されたものであって，清掃以降の遺物は残されていない。江戸時代についてはもうしばらく納骨が継続した可能性はある。

このグラフには大きな三つの高まり＝時期が認められる。15世紀後半のなだらかな高原，16世紀前半の凹凸の激しい山々と1570年代の急激な高まりとである。このグラフの軌跡は高野山の一石五輪塔の出現の軌跡と相似たものと考えられる。すなわち高野山納骨・元興寺納骨の盛行も同じ社会的背景を有する同一の動きであったことが結論づけられるのである。またこれは元興寺・木津惣墓の尖頭状五輪板碑の消長とも相似たカーブをしめしている（グラフ２・3）。一石五輪塔では詳細なデータを持ち合わせないが，同じ消長のカーブを示すと考えてよいだろう。また元興寺では同一人の墓塔と納骨塔婆が数例見いだされており，墓塔と納骨が一対のものとして機能していたことをよく示している。

一字一石経の世界

高知県教育委員会
岡本桂典
（おかもと・けいすけ）

中世末から造営数が増え江戸時代に最盛期を迎える一字一石経は
手近な材料で埋経ができることから，広く庶民に受け入れられた

経塚とは，「経典を主体として，仏教的作善業の一つとして埋めたところ」[1]をいう。埋納される経典を書写した材質には，一般の写経と同じ紙に筆で書いた紙本経，粘土板に刻し焼成した瓦経，銅板に彫った銅板経，滑石に彫った滑石経，河原石に筆で書いた礫石経，貝殻に筆で書いた貝殻経などがある。なお，緑泥片岩の河原石に経典を彫ったもので愛媛県に分布する青石経などもある。

礫石経は，一石に一字ずつ書写したものが多いことから一字一石経とも呼称されている。この一字一石経を埋納した経塚は，一字一石経経塚あるいは，礫石経経塚と呼ばれている。さらに，一石に多字を書写している場合は，多字一石経などとも呼ばれているが，ここでは後者のものも含めて，一字一石経の名称を用いることにする。

この仏教的作善業の一つである埋経は，平安時代に始まり現在まで続いている。平安時代には紙本経，あるいは数は少なく分布地域なども限られるが瓦経・銅板経・滑石経を埋納する経塚が営まれ，後，紙本経経塚は，鎌倉時代から室町時代にも多くみられる。さらに，16世紀には六十六部聖による廻国納経が盛行し，廻国納経に伴う経塚が多く営まれる。一字一石経経塚は，室町時代から江戸時代にかけて多く営まれ，江戸時代には広く庶民の間においても営まれるようになる。

1　一字一石経経塚の経碑

石に経典を書写しまた刻することは，平安時代から認められ，滑石経・青石経などがある。一字一石経経塚は，北は北海道から南は沖縄まで，ほぼ日本全国に分布している。この一字一石経経塚には，地上標識として，経碑（きょうひ）を伴うものがある。

経碑を伴う一字一石経経塚の早い例として，大分県大野郡朝地町上尾塚普光寺参道に建つ八面石幢が知られている。この塔には，正面より右廻りに「金剛界大日・地蔵・毘沙門・若耶・阿弥陀・釈迦・不動・薬師」の種子を刻し，「釈迦（種子）」の下に「浄土三部経一字一石」，「阿弥陀（種子）」の面より，順に「一奉読誦法華経三十三部」「一金光明真言万三千暦応己卯三月三□」「一奉書寫法華経七部」[2]とあり，暦応2年（1339）に浄土三部経の一字一石経を書写し，埋経が行なわれていたことが想像される。また，岩手県宮古市和見の経碑には，「五部大経／一石一字／雲公成之／永和第二」[3]とあり，永和2年（1376）に五部大経（法華経・涅槃経・華厳経・般若経・大集経）を一字一石経に書写したことが考えられる。鹿児島県始良郡蒲生町米丸の碑伝（ひで）には，「奉造立石塔婆一基／右意趣者為十方施主現世安穏後生／善処及至童子戯□行為仏塔□巳／仏道何説□□一字一石経／応永九壬午年十月吉祥日　施主」[4]とあり，応永9年（1402）に一字一石経を書写したことがわかる。

16世紀の経碑の例をいくつか紹介すると，以下のようなものがある。大分県宇佐市仁聖寺の地蔵石仏には，「法華千部□塔同一字一石／永正八辛未二月日」とあり，永正8年（1511）に法華経の一字一石経を書写したことがわかる。鹿児島県揖宿郡開聞町上野神社境内には，大永5年（1525）銘の経碑があり，「理趣品一部／奉書写一字一石／大永乙酉十一月廿二日」と刻している。同県指宿市池田仮屋菅山には，碑伝形の角柱塔があり，正面の円相に「心」，そして銘文は，正面から両側面にかけて，「六万九千三百字　真文尽是莫非金／大乗功徳不応極　一句一言皆妙言／奉寫一字一石之妙典一部有志者／為龍渓玄守居士／天文十八年己酉十一月十五日／沙門敬白」[5]とあり，龍渓玄守の菩提のために一字一石経を書写したことがわかる。

しかしながら，これらの銘文には，一字一石経のことはみえているが，埋経が行なわれたかについては，確認されておらず不明である。

これら経碑は，17世紀以降全国的に多数造立されるが，一字一石経の埋納が確認されている例は少ないようである。17世紀以前のものになるとその数は，極めて少ない。

図 1　福島県中目経塚出土経石 (1)

2　一字一石経

一字一石経の中で紀年銘の確認されているものは少ない。一字一石経の初見は，新潟県南魚沼郡六日町余川出土のもので，銘文には，「長寛三年 (1165) 六月廿四日／為後生菩提也」[6]とある。さらに経碑を伴ったものに，愛媛県伊予市宮下の文永2年(1265)のものがある。また，宮城県宮城郡利府町菅谷道安寺境内の横穴式石室から検出された経石には，「弘安六年四月」[7]とあり，弘安六年(1283)に埋経が行なわれたことが想定される。同時期頃のものとして，和歌山県高野山の三十七町石の下から出土した一字一石経がある。書写された経典は，鎮護国家の妙典として知られる金光明最勝王経で町石建立当初の文永・弘安期のものと考えられている[8]。

次に15世紀中頃から16世紀後半にかけて営まれた一字一石経の 2，3 例を紹介してみたい。

熊本県熊本市健軍町では，昭和34年の開墾の際に一字一石経および種子を墨書したものが出土している。さらに，経石埋納に用いたと考えられる漆塗りの木片が採集されている。また，経石の上には板碑が立っていたといわれ，その銘文には「奉造立念仏六百万遍之所　妙椿／善阿弥禅定門逆修善根／妙仏　弘治四年戊午／七月吉日　施主敬白」とある[9]。この一字一石経は，漆塗りの木箱に納められ，逆修のために弘治4年(1558)に埋経されたことが考えられる。

福島県河沼郡会津坂下町五香中目(なかめ)経塚では，昭和49年に発掘調査がなされ，一石に一字墨書するものと，長い銘文をもつ経石が検出されている。経塚は，墳丘の高さが 80cm，東西約 7m，南北 9m の長方形をなし，経石は頂上付近周辺の斜面に厚さ 20cm ほど堆積した礫層中に包含されていたものである。経石を埋納した土坑などの施設は確認されていない。

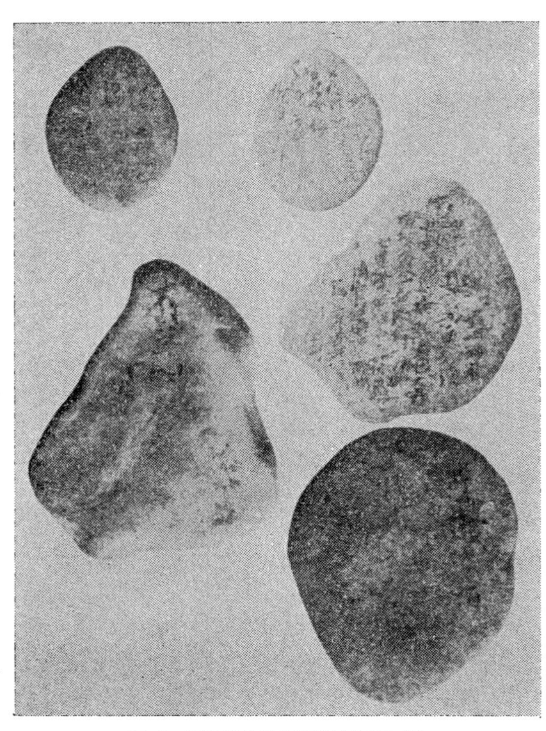

図 2　福島県中目経塚出土経石 (2)
(図1とも註10より)

中目経塚で検出された一字一石経は，長径約10 cm の偏平な礫の表面に「南無妙法蓮華経／バク

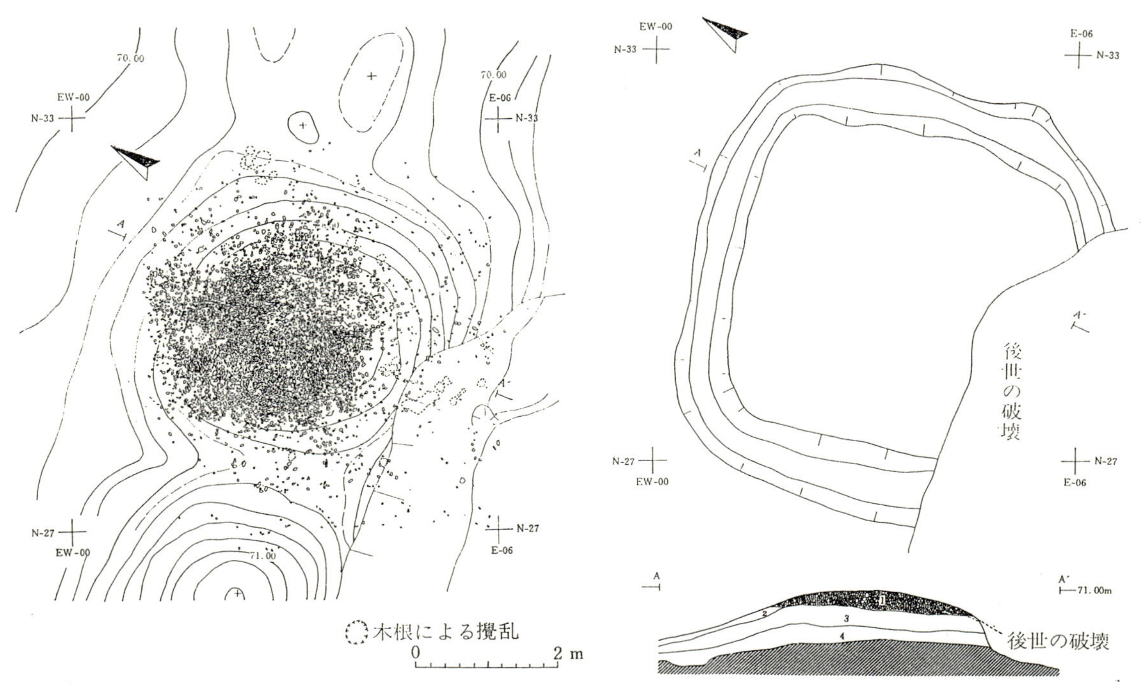

図 3　岩手県南館遺跡（註 13 より）

（種子）　為妙［　　］／（種子）アビラウンケン」，裏面には「願以此功徳／普及於一切　我等与衆生／皆共成仏道也／天文十三年甲辰／九月十八日」とある。また長さ 12 cm の礫には「バク（種子）　為明□禅？　／□正？□□□□」とある。その他の銘文を墨書したものをあげると，「［　　］道為□妙尼／為［　　］道　為□妙清／南無妙法蓮華経　貞性大丼／臺綬□□一［　　］／亡□之□母［　　］道／清山月［　　］明／為二［　　］」と墨書するもの，「逆修□□／青木□□衛」「［　　］十三戈」がある。また，3〜10cm の石に一字を墨書したものには「若・有・三・羅・亦・一・其・経・命・重・如・億・天・衆・量・佛・阿」などがある。これらの経石の銘文から中目経塚は，天文13年（1544）に営まれたことが知られる。さらに，法華経の名がみえていることにより，書写された経典は，法華経であることが考えられる。しかし，埋経が天文13年１回のみではなく，経石の筆跡および銘文より考えると，何回かの追加埋納が行なわれていたことが想定されている。さらに造営の背景として考えられることは，銘文にみるごとく追善，逆修，あるいは法華経の一節が銘文にみえているように自他平等利益のために埋経が行なわれたことが考えられる。さらに，「九月十八日」の造立日が示すごとく，地蔵信仰を前提として造営されたことが考えられている[10]。

次に鳥取県東伯郡大栄町妻波古墓では，墳墓形成途上の時期，墳墓形成が終了した時期[11]の二時期に一字一石経経塚が営まれていたことが想定されている。この妻波古墓は，方形の墳丘と周溝をもつ16世紀中葉から後半にかけて営まれた墓で，五輪塔・宝篋印塔が検出されている。本墳墓の時期はⅤ期に分けられており，一字一石経の造立された時期は，Ⅲ・Ⅳの時期とされている。妻波古墓は特定の個人・集団のものから，複数の集団への移行がみられる墓で，優位性をもつ墓であることが想定され，この時期の有力層の墓として位置づけられると考えられる。この経塚が墳墓と共存することは，死者・先祖に対し総供養的な形で一字一石経経塚が営まれたことを想定させる[12]。

先の妻波古墓に類似する例として，岩手県北上市相去町南館（みなみだて）遺跡で調査された一字一石経経塚がある。この経塚は，５基の墳墓の中に位置し，やや時期の下がるもので，近世初頭にほぼ位置づけられるが，幅をもたせてとれば中世末から近世初期のものと考えられる。本経塚はほぼ東西に並ぶ墳墓の中央部に位置し，埋納施設をもたない覆石型態の一字一石経経塚である。銘文の判読出来たものは77個と少なく，「大・之・千・山・不・佛・尼」などの墨書が確認されているが，経典名は明確でない。この経塚も明確な時期は確定されていないが，これらの墳墓とほぼ同じ時期と想定され，供養的意味で造営されたものと考えられる[13]。さらに，江戸時代前半の築造とされている富山県富山市上千俵の塚根（つかね）経塚[14]では，一字一石経に骨粉が付着するものが127個も検出され，骨片が経石埋納施設にも検出されている。この経塚は7mの方形プランをもち，塚中央部に方形の掘り込みを構築しそこに埋納したもので，経石70,380個が確認され，埋納経典は法華経と考えられている。塚根経塚は，墳墓と経塚が密接な関係にある経塚であることが考えられる。

3　一字一石経と信仰

一字一石経経塚は，中世のものは少なく近世のものが多く，江戸時代に最も多く造営される。一字一石経の経典書写方法は，一石に一字あるいは多字を書写する方法があり，墨書・朱書がある。筆跡をみると書写する人の数は意外と少ないようである。埋納方法は，そのまま埋納するものや土坑，木箱や甕に納めるものがある。

埋納の願意については，追善・逆修・現世利益にもとづくものなどが多くみられる。

そこで，墳墓に伴う経塚，いわゆる追善供養的なものについて若干述べてみたい。『続史愚抄』三五の永享元年（1429）七月十六日条に「奉ニ為先帝（称光天皇）一公卿殿上人等向ニ西院辺一書ニ一石一字法華経一云」[15]とあり，追善的なものが見受けられる。さらに，『親鸞聖人正明伝』巻三上には，「寺ノ中ノ墓ヨリ女ノ姿ナル妖霊出テ，人ヲ悩マス，……是ハ其カミ山賊悪八郎ト云シ者ノ墓ナリ，……東国ノ風ナレバ，小石ヲアツメ，三部ノ経典ヲ書キ，カノ墓所ニ埋ミ……，其後果シテ妖災アルコトナシ」とある。この中で「東国ノ風ナレバ，小石ヲアツメ，三部ノ経典ヲ書キ，カノ墓所ニ埋ミ」とあることは，埋経のことと考えられる[16]。また，東国とある事により，これが東国にみられる宗教行為であったことが想定でき，さらに埋経を背景とする信仰的なものを知ることができる。これらの記述は，先の埋経例と比較して興味深いものであり，高度な仏教教義よりも生活の中で意識された死者の世界がウエイトをもっていたことが窺える。埋経思想の一つの背景を知る事のできる重要な史料である。

六十六部廻国納経の衰退[17]と相反して一字一石経が中世末から造営数が多くなり，広く庶民に受け入れられたのは，手近な材料で埋経ができ，多くの人々が参加できたからであろう[18]。それは多数作善業の思想がたやすく庶民に受け入れられた結果であると考えられる。

埋経という文化現象が時代という時間の流れの中で，庶民信仰の中にどのようにとけ込んでいったかを考古学的な調査方法をもって解明していくことも重要な課題である。

註

1）三宅敏之「経塚研究の課題」考古学ジャーナル，153，1978
2）多田熊豊秋「大分県の石塔」『九州の石塔』下巻，1978
3）関　秀夫「礫石経と経碑」『経塚』1985
4）註　2）に同じ
5）註　2）に同じ
6）奈良国立博物館『経塚遺宝』1977
7）関　秀夫「経塚遺物の紀年銘文集成」東京国立博物館紀要，15，1980
8）愛甲昇寛「高野山の町石率塔婆」『高野山町石の研究』1973
9）乙益重隆「藤崎台出土の埋納経石」『熊本県文化財調査報告』2，1961
10）中目経塚調査会「会津坂下町中目経塚」福島考古，17，1976
11）坪之内徹「中世における墳墓と葬制」『摂河泉文化資料』24，1981
12）植野浩三・市本芳三・益田雅司『妻波古墓発掘調査報告書』大栄町文化財調査報告書　第21集，1985
13）菅原弘太郎「南館遺跡」『東北新幹線関係文化財調査報告書Ⅵ』岩手県文化財調査報告書　第50集，1980
14）富山市教育委員会『富山市塚根経塚発掘調査報告書』1978
15）『新訂増補国史大系』14—続史愚抄中編，1966
16）小原　仁「中世における埋経の展開とその基調」『日本歴史』307，1973
17）廻国納経の衰退の原因としては，戦国大名と参詣統制，聖の乞喰化，読誦への変化などが考えられる。
18）奥村秀雄「経塚遺宝」『春日　日吉　熊野』日本美術全集 11，1979

新発見の大型円墳——京都府私市円山古墳

中谷雅治　京都府埋蔵文化財調査研究センター

私市円山古墳は，京都府綾部市私市町にある。当地は，先年に「景初四年」銘のある三角縁（斜縁）盤龍鏡が出土したことで有名な福知山市「広峯15号墳」の東北東約7.5km の位置に当たる。当古墳の存在は，発掘調査が実施されるまでは全く明らかでなく，この調査でさえ，当地が城館跡であるかも知れないということで，高速道路建設の事前調査として準備されたのであった。ところが，調査を始めるに当たり，繁茂した樹木や下草を伐採したところ，この周辺で埴輪の破片と葺石らしきものが点在していることがわかり，ここが古墳であることが初めて明らかとなった。

1　古墳の位置

私市円山古墳は，「福知山盆地」の一画に存在している。この盆地は，由良川の河岸段丘で構成されていて，由良川に沿って，東西に長い地域を占めている。

この古墳は，由良川の北岸（右岸）にあって，盆地のほぼ中間に位置している小丘（比高差約 60m）の頂に立地している。そのため，墳頂部からの眺めはすばらしく，盆地のほぼ全域を望むことができる。この古墳よりやや先行して築造されたと考えられる，先の広峯15号墳も，当時はここからはっきりと認めることができたに違いない。

2　外表施設と埋葬施設

発掘調査の結果，当古墳は，高さ約 10m，直径約 71m の円形の墳丘の裾部に，幅約 18m，奥行約 10m の造り出しを有するものであることが明らかとなった。「造り出し」部の発達したいわゆる「帆立貝式古墳」は別として，小さな造り出ししか持たないこの種の円墳としては，この規模は京都府では最大級のもので，近畿地方をはじめ全国的に見ても，大型の円墳として数えられるものの一つである。

墳丘は3段に構築されていて，葺石は造り出し部の裾から斜面にかけての範囲と，墳丘部では，中位・上位に限って葺かれていた。また埴輪も，造り出し部の上面，および墳丘の中位と上位のいわゆる「犬走り」の部分に立てられていた。したがって，墳丘の裾部および基底となる斜面には，埴輪・葺石ともに設けられていなかったことになる。また現時点では，埴輪については，形象埴輪が造り出し部にのみ存在していたであろうこと，円筒埴輪に混じって朝顔型埴輪が存在したこととともに，須恵質の埴輪が約10本に1本の割合で立てられていたであろうことが明らかとなっている。副葬品などの時期からすれば，須恵質の埴輪が使用された最古級の例と言えるものである。

墳頂部からは，3基の埋葬施設が発見されている。この内の1基（第3主体部）は，遺存状態が極めて悪く，わずかに底部の約 10cm ほどだけが後世の削平を受けずに遺されていたにすぎない。しかしそれでも平坦な底部からは，約30数点の鉄鏃とともに鉄製の農工具類（刀子1，斧 1，鉇 1，鍬 2，鎌 1 など）が発見された。とくに農工具類は斧を除いて他の全部がミニチュアである。この主体部は墳頂部の縁部にあって，他の2つの施設とは直交する方向にあり，しかも最も規模が小さいことなどから，これが当墳の中心的な埋葬施設でないことは明らかであるし，埋葬時期も他の2つに比べてやや遅れるものと考えられている。

当古墳の中心的埋葬施設（第1主体部）は，ほぼ東西の方向に長軸を有しているが，当墳の造り出し部が円丘の南東に設けられていて，この古墳のいわゆる軸線からすれば，約45度のずれがあることになる。またもう1基の埋葬施設（第2主体部）は，第1主体部の北側に，ほぼ平行して設けられている。

第1主体部は，長さ 8.2m，幅 2.7m の墓壙の中に，組み合わせ式の木棺を安置したものであった。当然のことながら，木棺の木質はその一部でさえ遺存していなかったが，埋納当時の棺は，その小口と側面，さらには天井の一部が粘土で覆われていた様子が確認された。

第2主体部も全く同様で，わずかに墓壙の長さが 5.6mとやや短い点が違うだけである。ただ，前者に限っては棺の一端に副室的な部分があって，そこに鉄製のミニチュアの農工具類が副葬されていた。

3　副葬品と被葬者

埋葬施設に副葬されていた品々は次のとおりである。

第1主体部

武具——三角板皮綴衝角付冑 1，板綴錣 1，三角板皮綴短甲 1

武器——鉄刀 3，鉄鏃30以上

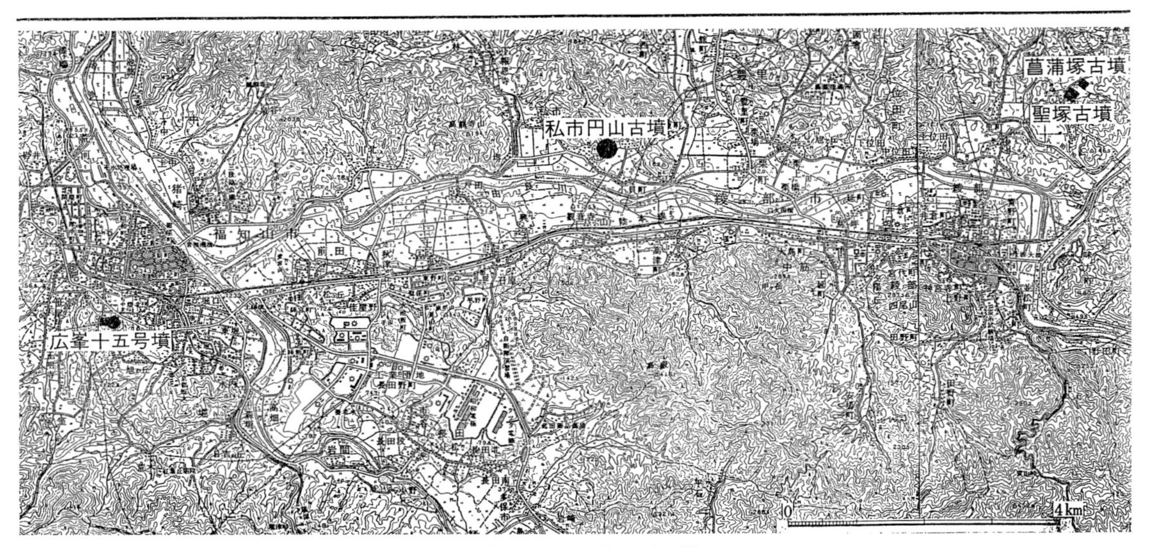

私市円山古墳の位置

農工具——刀子 6，鉄斧 7，鉇 1，鍬 1，直刃鎌 5，鑿（？）2，ほか……いずれもミニチュア

銅鏡——捩文鏡

装身具——勾玉6，管玉39，小玉150以上，竪櫛９以上

第２主体部

武具——三角板皮綴衝角付冑 1，頸甲 1，肩甲 1，短甲 1，草摺残欠，胡籙1

武器——鉄剣 2，鉄鏃28以上

銅鏡——型式不明１

装身具——勾玉 2，管玉 8，小玉28，棗玉 1，竪櫛８

その他——土師器片，埴輪片

第 1・2 の両主体部内には，互いに類似の品々が副葬されていたが，あえて相違点を挙げるとすれば，第１主体部においては，３本の鉄刀がそえられていて，剣が副葬されていなかったのに対して，第２主体部では逆に２本の鉄剣以外に刀が副葬されていない点，第２主体部に限って鉄地金銅貼りの胡籙が副葬されていた点である。さらに，両者に副葬されている甲冑にも差があって，第２主体部に見られる頸甲と肩甲が第１主体部には無く，逆に錣が第１主体部にしか無いことも，相違点の１つである。ただ，先にも触れたとおり，第１主体部の副室的位置にあったミニチュアの農工具類の存否は大きな差であるが，いずれにしても総体的には非常に似た様相を呈していると言っても過言でない。

ここでは，これらの細部について触れるだけの紙数の余裕はないが，いずれもが５世紀代の中頃，あるいはそれより若干古い時代のものであり，しかもそれらの組み合わせも，当時の典型的な様相を呈しているところから，当墳の築造時期も当然のことながら，この頃に想定するのが最も妥当であろう。

先学は，大和地方の古墳の様態と，日本海側，とりわけ山陰地方の古墳の様態に差異のあることを指摘しているが，この私市円山古墳の所在する福知山盆地一帯は，ちょうど地理的にその接点に当たっている。この地方においては，古墳時代初期から中期に至るまでの古墳は，「方形墳」が主流を占めていて，それらの大部分は，小さな丘陵の尾根筋やその先端部において，溝で仕切ったり，簡単な整形を施しただけのものである。こうした様相は，京都府北部および山陰地方のそれに共通するものであって，それらを代表するのが，当墳の東方約 7 km にある聖塚と菖蒲塚である。これらはいずれも平地に造られた方墳で，とくに聖塚は一辺約 54 m もの規模を有していて，５世紀の前半頃に築造されたものと考えられているものである。

ところが，５世紀代も後半以降ともなると，小型ながらも前方後円墳が盆地の随所に築造される反面，方墳は一切造られなくなる。つまりこの私市円山古墳が築造された時期を境にして，この地方の古墳の様態が一変するわけである。

このような状況を鑑みるならば，当墳に葬られた人というのは，土着の豪族ではなく，大和との関連を強く感じさせる人であると言わざるをえない。

この古墳の被葬者が，上に述べたような人であったとすると，盆地の中央の小高い山の頂で，生前に支配下に治めた地域を一望することができる当地に，古墳が築かれている理由が頷けるとともに，副葬された品々が武器・武具を中心としたものであったことは，たとえ時代の流行であったというものの，時代なり，社会的環境を忠実に反映していると言えよう。

また，ここの被葬者の内の２人が，相前後して葬られていて，ほぼ同様の品々が副葬されていたことも，生前の両者の関係を知る大きな手掛かりであると言える。

私市丸山古墳遠景

5世紀中葉の大型円墳

京都府私市円山古墳

構　成／中谷雅治

写真提供／京都府埋蔵文化財調査研究センター

京都府綾部市私市町で直径約71mの大型円墳が新しく発見された。古墳は幅約18m，奥行約10mの造り出しを有するもので，埋葬施設は3基発見され，武器・武具や農工具，鏡，装身具など多くの副葬品が発見された。築造時期は5世紀のほぼ中頃と考えられる。

葺石と埴輪の検出状況

京都府私市丸山古墳

第１主体部（右）と第２主体部

▲第１主体部の甲冑とミニチュアの農工具の出土状態

▼第２主体部の甲冑と胡籙などの出土状態

大門山II区発掘全景（集石墓および埋経施設ならびに板碑群）

中世の大規模な埋経施設と集石墓

宮城県大門山遺跡

構　成／恵美昌之
写真提供／名取市教育委員会

第３石組集石墓

名取市高舘熊野堂で鎌倉～室町時代にわたる大規模な墓所・供養所が発見された。その中核をなすのは東斜面上段部の大型板碑群が倒伏する７ｍ四方の発掘地区で，火葬骨を納めた集石墓６基と，そのすぐそばから角礫や河原石で構築され，常滑焼の甕の容器を伴う埋経施設１基が検出された。埋経施設には埋経行事を行なったことを記念する供養碑も発見されている。

第５集石墓

宮城県大門山遺跡

大門山II区埋経施設調査状況

埋経供養祭の記念碑
（供養碑）

埋経容器
（常滑焼）

埋経施設の状況

中世の大規模な墓所・供養所——宮城県大門山遺跡

恵美昌之 名取市教育委員会

本遺跡は，東北の太平洋岸沿いにおける熊野信仰布教の拠点となった名取熊野三社勧請の地で，それに関連する遺跡の一つであり，鎌倉〜室町時代にわたる大規模な墓所・供養所である。本遺跡の中核をなす地点の発掘から埋経施設と火葬骨を納めた集石墓群が発見され，前者は埋経行事の記念碑的な供養碑を伴い，後者には板碑（墓碑と供養碑）を伴うもので，当時の供養のあり方の一端をはじめ，供養碑の建て方やその位置なども確認されて，墓所・供養所の被葬者やその性格の解明に手がかりが得られたことなど，日本の中世における墓制・葬制研究上欠くことのできない重要な宮城県下最大規模の遺跡である。

1 調査の経緯

本遺跡の調査は，高舘土地区画整理組合によるスカイタウン高舘建設計画に伴う緊急調査であるが，遺跡の主要な区域は事前協議の段階で開発計画から除外，また，開発計画区域内についても遺跡（墓域）の範囲確認調査を実施し，墓域とみられる区域は全面自然緑地帯として保存されることになった。

なお，調査は名取市教育委員会と大門山遺跡調査団により昭和61年12月17日から補足調査も含め昭和62年9月30日まで第一次（予備調査も含む）調査を実施した。

2 遺跡の立地と現状

本遺跡は，宮城県名取市高舘熊野堂字大門山52番地外で，JR東北本線名取駅の北西約4.5kmに所在する。市内の西部を南北に連ねる高舘丘陵の北東端で，北東側に名取川と仙台平野を一望できる寺ノ沢と院ノ沢に挟まれた標高 40〜80m の小丘陵に立地する。

この遺跡の現状は，花木養生地としての個人所有地が大部分で，昔は山林中に地形が階段状になっていて200基以上の古碑（板碑）が倒伏していたと伝えられている。昭和10〜11年にかけ仙台の郷土史家松本源吉，菊地武一両氏による古碑調査（有紀年号碑88基，無紀年号碑68基の合せて156基）が行なわれていたが，下部遺構の調査はなかったことから，その後遺跡としての位置づけがなくベールにつつまれたままになっていた。

3 大門山墓所・供養所

本遺跡の発掘調査は，今後の本格的な発掘および市指定並びに保存整備のための基礎資料を得ることを目的に調査をすすめた。したがって，今回は大門山を区割りした各地点ごとの状況把握に主体をおき，発掘は墓域の最上段部と中核をなす大型板碑倒伏地点の2カ所にとどめた。

I区　小丘陵が北東へはり出す突端部の南斜面一帯の上段，中段，下段と区分けされる所で，その境には板碑が石塁状に積まれている。上段に経塚1基が現存（実測図作成），中段は倒伏しかけ埋没する板碑がかなりある。下段では扁平な河原石を敷きつめた所から火葬骨を多量に出土する地点もある。

II区　I区の斜面続きが真東をむき旧往生院跡の真西にあたり，しかも大門山ではこの地区に限り大型板碑（倒伏状態）が現存する。上段は倒伏する大型板碑のまわりの7m四方を発掘し，埋経施設と火葬骨を納めた集石墓6基を検出した。上段の発掘地点より下方の中段では一字一石および多字一石経石を多く出土する地点がある。

III区　II区の斜面続きが西南斜面に変わる所で斜面下部は院ノ沢に続く。上・中段は埋没板碑が多く，露出する19基の板碑を調査し，とくに発掘は行なわなかった。

IV区　I・II・III区斜面に囲まれた院ノ沢沿いの平坦地で，本遺跡では最も古い年号の板碑が発見されている所であるが，民家で調査が出来なくなった地点もある。

自然緑地保存地区　墓地区画を示すテラス状になった地点が3カ所あり，その内の最も西よりの区画を発掘した結果，テラス状の区画は，東西 2.8m，南北 12m の範囲で一区画を形成し，斜面の一部を削り低い方は盛土で整地し平坦部をつくり出している。板碑はブロックごとにかたまって13基発見されたが下部遺構は伴わない。ほかに凝灰岩石櫃の蓋や五輪塔がばらばらの状態で発見されている。

出土した板碑は延文4年（1359）〜永和4年（1378）までで，大門山では年代的に最も新しく墓所存続の終末に近い。さらに，この地区は墓域全体の区画で最上段部を形成するものと考えられる。

4 中世火葬墓群と埋経供養

大門山墓所・供養所の中核をなすII区で検出した集石墓6基と埋経施設について，集石墓は埋経施設の左右に

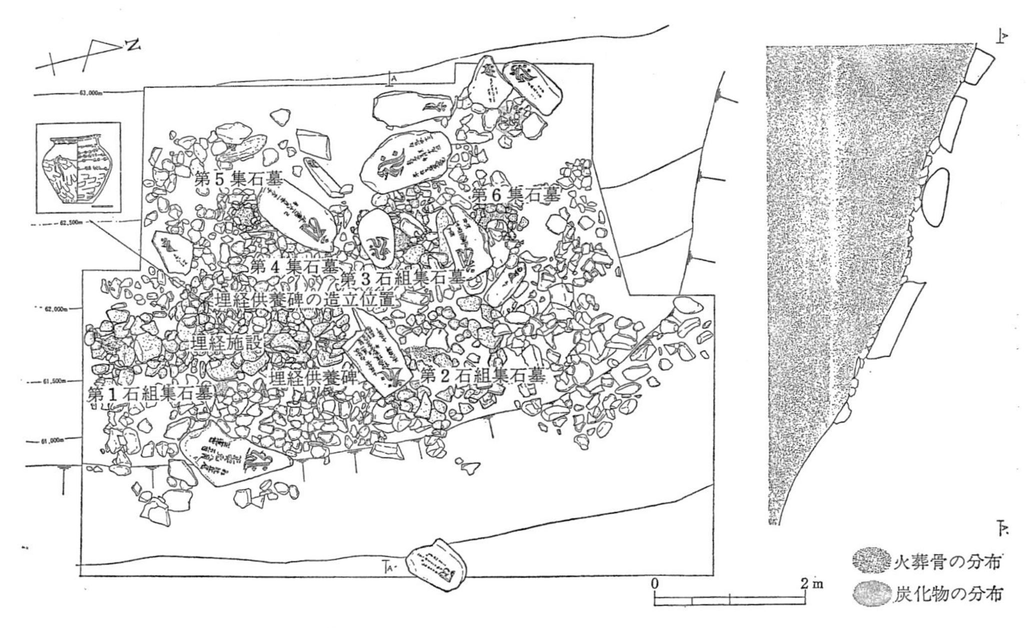

大門山 II 区調査地点（集石墓・埋経施設・板碑群）実測図

各1基と背後に4基で，小型のもの4基，比較的大型のもの2基，いずれも河原石などを使用して構築している。

第1集石墓　直径0.6mのほぼ円形。直接火葬骨を納めてある。これに伴う板碑は「（キリーク）正安元八月五日」，年号の右側に「為比丘尼」，左側に「正蓮（霊）也」とある。種子，年号，願文が薬研彫で刻まれているが，このようにすべて薬研彫されている碑は大門山では他に例がない。

第2集石墓　直径1.4mの円形。直接火葬骨を納めてある。これに伴う板碑は集石墓の前面下方へ転落した「（ア）元徳三辛未二月七日施主道心，為全明禅門，七々日成仏得道也」と刻された供養碑とみられる。

第3集石墓　直径1.2mの円形，石組北壁は種子（カ）の無紀年板碑を使用し直接火葬骨を納め一枚石で蓋をしている。これに伴う板碑は集石墓の右側に倒伏する「（アン）延慶二己酉六月廿一孝子」の碑とみられる。

第4集石墓　直径0.4mの円形。石組底面に扁平な一枚石を使用し，これを円礫などで側壁をつくり，直接火葬骨を納め，蓋は扁平な河原石を巧みに重ねている。これに伴う板碑は「（アン）延慶二六月廿一施主敬白」の碑と考えられる。

第5集石墓　直径0.5mの円形。直接火葬骨を納めてある。

第6集石墓　直径0.4mの円形。直接火葬骨を納めてある。これに伴う板碑は集石墓の上に倒伏していた「（ア）応長元年十廿，往生道一」と刻まれた碑で，これは埋経供養を行なった碑文にでてくる道一と同一人物とみられ，この碑は供養碑とみるより墓碑と解せられる。

埋経施設　石郭の平面形は外側の直径1.5m，内側が0.6mの円形。斜面に対し石郭の前面に比較的大きな角礫や河原石を並べ石組を構築している。石郭内部底面は扁平な河原石を敷き常滑焼の甕（口径24.5cm，胴部最大径34cm，底径14.2cm，器高33.4cm）をすえたものである。また，この石郭続きの右側に並んだ状況で大きな角礫や河原石の石組があり，その中央に深い穴が検出された。それは石組のすぐそばに倒伏する角型の碑が建っていた位置を示す。この碑は「（バク）十羅刹女，如法守護，五六番神」と刻まれ，その下真中に「乹元二年三月十九日」，右側に「為悲母，道一」，左側に「十三年尼妙性」とある埋経供養碑である。

以上が大門山Ⅱ区の地下遺構と板碑との関係である。

これらの火葬墓群も含めて大門山墓所・供養所は，名取熊野三社勧請地の熊野新宮社別当院末寺の往生院裏山一帯に選定されており，名取熊野別当が支配する本拠地でもあることから熊野信仰布教とのかかわりの過程で墓所が形成されていったものとみられる。したがって，墓所の性格は熊野信仰布教にあたった人々や名取熊野神社の社僧の墓所であるとともに，熊野山を信仰した人々のお参りする供養所である。一方，今回の調査で注意を払った当時の供養のあり方では，これまで大門山で調査された248基の板碑から，単なる供養碑，回忌供養碑，埋経行事に伴う記念碑的な供養碑，逆修追善供養碑などであることが確認された。

また，中世の作善供養の思想が埋経の宗教的行動と関係した如法経埋納供養が東北の地でも確認できた。なお，大門山墓所存続の年代は13世紀から14世紀後半と考えられる。

3　遺跡群と居住性

岡村　富沢遺跡でも，同一母岩の石核・剝片が接合できて，短期間の，たぶん狩猟の合間に石器製作をしたのだろうということが推定できたわけです。このように，接合がさまざまな情報を提供するということは否定できない。しかし，接合だけを手がかりにして旧石器時代の集落の仕組みを考えようとすると，とんでもない陥し穴に落ちてしまうと思うんです。

林　というと……？

岡村　たとえば，一つの遺跡で割られている石を接合してみると 1/3 ぐらい残っている。残りの 2/3 はどこか他の遺跡で使って，またもとの古巣にもどってきている，と解釈するわけです。最近は縄文時代の石器でも，接合をかなりするようになった。それでも 1/3 くっつく原石なんていうのは，住居や土坑のなかに貯蔵している特殊な例しかない。1割もくっつかない。そうすると縄文人のほうが旧石器人よりも数倍放浪的な生活をしていたという話になってしまうわけですよね(笑)。黒曜石にしても同じことで，旧石器でも縄文でも，たとえば隠岐だとか神津島（こうづ）のような遠隔地の黒曜石が運ばれている。このデータだけからみると，どっちが移動性が高かったのか，旧石器時代から縄文時代を通してみていくと，必ずしも妥当な説明になっていない。

林　動きがあるかないか，どれだけの範囲を動いているか，というだけで切ろうとするから無理が出てくるんで，動きの性質をつかまえる必要がある，ということでしょうね。

そこで岡村さんに聞きたいんだけれども，一つの川筋に沿って 20km から 4km ぐらいまでの範囲に遺跡がまとまり，一つの遺跡群を作っているというわけですね。岡村さんの場合には，その範囲を移動していると考えているわけですか？

岡村　動きといってもいくつかの段階があって日常生活を充足させる動き，それからもうちょっと広い，なにか勢力範囲を確保するためにここまでは押えておくんだみたいな動き，あるいは原石採取のためにここまで行くんだとか，そういう違った範囲に広がる動きの重なりを考えていったらいいんじゃないかと思うんですよ。そうしたときに，一番狭い活動の範囲みたいなものを川筋にある遺跡密集地くらいに考えたいんですけどね。

林　そうすると，旧石器といえばはっきりした証拠はないけど，ゾウやオオツノシカを追っかけていた——Big Game Hunting をやっていたというのが定説みたいになっていますね。大型の動物と一緒に人間も広い範囲を季節の変化につれて移動していたと説明しているわけだけれど……。

岡村　その場合，植物性の食料やネズミ・ヘビ・カエルなどの小型動物にどれだけ依存しているのかということになるとあまり考えていない。たとえば，富沢にしてもチョウセンゴヨウの実がたくさん出てくる。ハシバミも出てくる。ハシバミにしてもチョウセンゴヨウにしても，食料として十分利用できるわけです。大型の獣だけに頼っていたんだというわけにはいかないですね。

ゾウやオオツノシカを追っかけていたというのは，日本列島全体の化石の出土状況をそのまま遺跡という限られたところにあてはめている。日本列島全体とか日本列島の北部というようなスケールの環境と，一つの遺跡という限られた環境のあいだにはやはり違いがあるだろうし，それを両方一緒に考えることはできない。

要素＼時期		ナイフ形石器文化	縄文文化
遺跡群の特徴	遺跡群の大きさと構成する遺跡数	川筋に沿って15km前後にまとまり，通常10～15ヵ所ほどの遺跡で構成される群が10数kmほど隔たって分布する	径3～5kmの範囲に数ヵ所の遺跡で構成される遺跡群が，数kmの間隔で分布することが多い
遺跡の特徴	ある地表面に残された遺跡の大きさ	 神奈川県栗原中丸遺跡第V文化層（鈴木ほか1984） 数10ヵ所のブロックが400×500mの範囲に及ぶ大規模なものもある	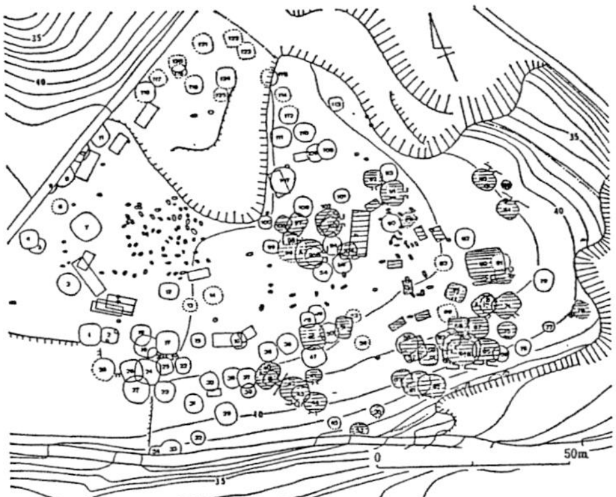 ○中期の遺構　⊜後期の遺構 神奈川県神隠丸山遺跡縄文時代遺構配置図（伊藤ほか1980） 径80m前後から大きくて200×100mほどに竪穴住居が広がり，ほぼ重なる大きさから10数mまでにまとまるゴミ捨場（貝塚・遺物包含層）をもつ
	ブロック・ゴミ捨場の大きさ	径10mを越すものもあるが，平均は4mくらいである	
遺構	住居 炉	皿状竪穴あるいは円形配列小ピット群など住居といわれる不確実なものがある	床と壁が区別できる竪穴住居で，内部に石組炉をもつことが多い（とくに中期以降に顕著となる）
	墓 貯蔵穴	明確な墓・貯蔵穴はきわめて少ない	明確な墓，貯蔵穴を群として安定してもつ
	礫群・集石	礫群・配石などとして礫を遺跡内に持ち込むにもかかわらず石組炉はごく少例	後期前葉まで継続して用いられる
その他	接合資料（接合率）	砂川遺跡―769点中213点接合（接合率27.7%） 石子原遺跡―接合率34.7% 岩戸第1文化層―接合率9.8%	聖山遺跡第6ブロック3.3%，同第7ブロック2.2% 里浜貝塚 6.5% 上深沢遺跡 1.6%
	黒曜石の分布	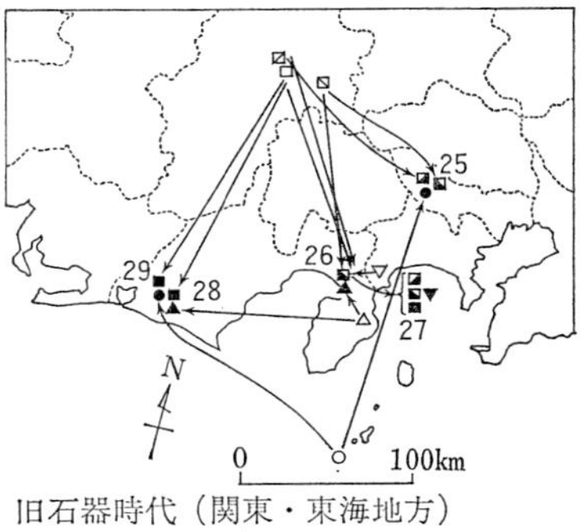 旧石器時代（関東・東海地方）（鎌木ほか1984）	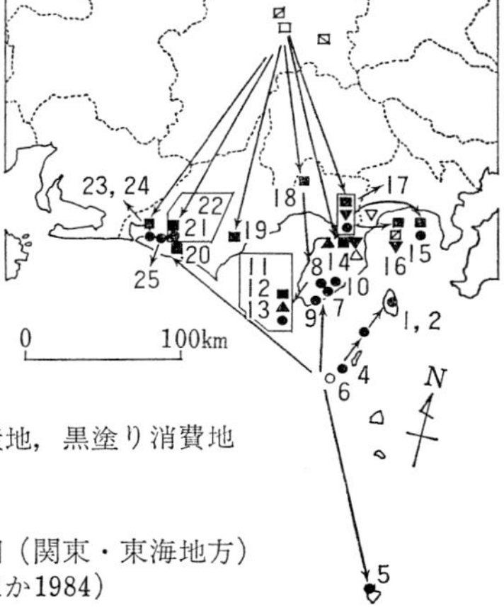 白抜き原産地，黒塗り消費地 縄文中期（関東・東海地方）（鎌木ほか1984）

図4 ナイフ形石器文化・縄文文化の居住の差

もう一つ，縄文の研究では時代の様相がかなりわかってきている。それを通して旧石器時代を眺めてみるとか，旧石器時代からみれば縄文はどうだとかいう立場があってもいいように思う。たとえば，礫群の問題なんてそうだろうと思うんですが，遺跡のなかから焼けた礫がたくさん出てくる。旧石器時代の場合は，そこで石焼き料理をしたという。縄文の場合は，利用したあとで捨てたもので，その場で石焼き料理をしたものだとは言わないわけですよね。おなじ人が旧石器を扱うときには，礫群のある場所を石焼き料理をやった場所と解釈し，縄文の場合にはそれとは別の解釈をする。それはやっぱり一貫性のない話で，もう少しトータルに石器時代を見る——弥生の中期ぐらいまで取り込んでしまってもかまわない——そんな立場があってもいいと思うんです。

先ほどの話に戻りますと，一つの川筋で，数km の範囲に居住する，私はそれが一つの生活の単位だと思うんですね。もっと大雑把に言ってしまえば，一つの集団が川筋を動いていた，その軌跡が遺跡群として残った。なにかの事情で隣の谷に移るときには，そのつぎの新しい型式をもった道具の組み合わせに変わっていくぐらいの，そういう大きなタイムスケールで，その集団は大きく移住するんではないかと思うんです。

そういう単位があるとすれば，一つ一つの単位のもっている顔つきというか，特殊性と言ったらいいか，そういうものをもっていると思うんですね。そのへんの地域性みたいなものを，それぞれの地域でどう明らかにするかということが，非常に重要だと思うんです。

林　その地域差の問題だけど，それがはっきり見えてくるのは，前期旧石器の場合には地域差があるとかないとかいうには資料がかたよりすぎていますよね。やはりナイフ以後……？

岡村　ですね。

林　そうすると，そのナイフに見られる地域差というのは，杉久保だとか東山，国府（こう）だとかナイフのタイプですね。ヨーロッパの旧石器のインダストリーのような，いくつかのタイプの組み合わせとは違っている。日本ではヨーロッパ流の区分をしようと思ってもできないのだろうか？

岡村　二つくらい問題があると思うんです。まず学史からいって，最初からナイフ形石器というイメージがあって，それにあてはまるものを探した。それじゃあ十分な定義があったかというと，そうではなかったわけだから，ナイフのなかに何でもかんでも入っちゃった。ナイフの地域差を確かめる作業というのは，ナイフというものを定義しなおす作業の過程でもあるわけです。

その一方では，道具と言える遺物のなかの8割から9割をナイフ形石器が占めるという現実がある。ナイフ形石器文化の後半になってくると，エンドスクレイパーとかビュアリンとかほかの石器も伴うようになって，そこでいくつかのタイプが設定できて，もうちょっとトータルな話ができるわけですけれど，そういう事情が絡みあって，組成という，トータルにものを見るという視点もちょっと欠落している。いまナイフと呼んでいる石器のなかにも幾通りかの区別があって，そのちがいはタイプではなくて，器種の違いにまでいくんではないか，ということに気がついていると思うんです。その辺を，ナイフというものを再定義しながら，最初に素材を作る段階から，最後の製品としてのナイフに至るまで考えて，そしてナイフのいろいろな属性を取ってみて，どういうふうに分けられるか，分けたものがどのくらいの重みをもってくるかみたいなことをもう一度やって見る必要がある。そうしたなかで，それぞれの地域差だとか，そういうものを明らかにできればいい。

林　日本の旧石器の組み合わせが，ヨーロッパとくらべると単純で，定型的な道具が少ないというのは確かですね。ヨーロッパではいくつも道具を作り分け使い分けているところを，日本では適当な剝片を適当に加工して間に合わせてしまう。

大陸から入ってきた大工道具が簡単な構造になってしまうのと同じことで，梅原猛氏が聞いたら，日本文化の基層はすでに旧石器時代に始まっていると騒ぎだすだろうね（笑）。

それはともかく，日本の場合，器種の変化にとぼしい。そんななかで，ヨーロッパ流に器種の組み合わせにもとづいて地域性がどうのこうのというような議論をはじめると，気がついたら石器そのものの地域性ではなくて，遺跡の性格の違いを議論していた，というようなことになりかねない。日本の旧石器の石器組成というのは，どうも遺跡の性格の違いを反映している可能性が強いような気がする。さきほど指摘されたように，かなり多量な石器が出てきても，その8〜9割がナイフだというようなこともあるし，地域差というようなものをとらえる目安としては，指準化石として使えるものをとり上げるほかない，ということになるのかも知れない。

岡村　とにかくナイフというものを相手にして地域差をおさえるという仕事は現実に進んでいるわけです。たとえば，いろいろ問題はあるけれども，国府型ナイフというものがかなり広い範囲に拡がっていることがわかってきている。そのなかで，新潟県の御淵上だとか大聖寺遺跡のように，それから山形県の越中山K地点のように，その地域に伝統的な石器群のなかに，ぽつんと孤立した分布を示す例がある。こういう現象を手がかりとして，地域差というものの中身に迫ってゆくことができるのではないかと思うのです。

4　定義と記載法の共有

岡村　ただ，そこで大事なのは，正確な記述と記載ですね。これは結局はいかにしぶとく，正確に石器を見るか，ということが出発点になる。あちこち回って見ていると，ちょっとした欠けを彫刻刀面にしてしまったり，剝片の打面の調整をナイフの刃潰しと見間違えたり，そういった場合が１～２割は紛れこんでいる，といってもいい過ぎではないくらいです。

林　この対談をするというので，ほんのちょっと前，一夜漬で旧石器の文献を拾い読みしたんです。なんせ，頭が錆ついているもんだから……。

岡村　あ，林さん，わかってたんですか（笑）。

林　まあ，そのくらいはね……（笑）。それはさておいて，そのとき気がついたんだけど，ある人がペン先形ナイフといっているものが，ほかの人の分類では台形石器になってしまう。片方の人が台形なりペン先形なりの分類単位を認めていないのならわかるけど，両方ともペン先・台形を認めているんですよ。お説教めいた言いかたをすれば定義の不十分さということになってしまうんだろうけれど，私はそんなことをいってもあまり意味があるとは思わない。それは，現実がこうだということをべつの言い方に置き換えただけの話なんだから。問題なのは，岡村さんがいま言った，「どれだけしぶとく石器を見ているか」ということと，器種なりタイプがどれだけ正確な観察にもとづいているか，という問題だろうと思うんですね。

岡村　そのとおりだと思います。

林　用語の定義と記載の正確さというのは，やはりきっちりしておかなければいけない。だけどだれかが「えい，やっ」と決めたからといってよいものができるわけでもないし，反対に多数決でというわけにもいかない……。

岡村　確かに大学の先生の立場としては，林さんがそう言わなければいけないのはわかるんですけど，やはり多数決で決まってしまうというところもありますよね。それがよいかどうかは別にして……。そうでなければ，意見の交換がまったくできなくなることだってあるわけだし。

林　そのとおりなんだ。たとえばの話だけど，論理だけで現実をまったく知らない人でも，研究者として仲間にはいることを拒否することはできない。別にこれに近い人が身近かにいるからというわけじゃないけど（笑）。その反対に，現実だけで論理をまったくもち合わせていない人がいたとしても，その人を研究者の仲間から外すだけの資格がだれにもあるとは思われない。現実の学界というのは，そのどちらかによった人間が集まってできているわけでしょう。だから，定義だとか記述の基準だとかいうものもどうしても二重の意味をもってしまう。こういう言い方をするのは危いと思うけど，通り相場としての定義や記述，それとこれだけはどうしても譲るわけにはいかない，他の人には見えなくても自分には見えているんだという立場で出してくるもの，これがナイフというひとつの石器の定義や記述のなかに入り込んでくる。これはどうにも防ぎようのないことだ――ということはヴィトゲンシュタインという人がとっくに言っているらしい（笑）。

だから，自分が定義なり記述なりをするときにそのどこまでが通り相場――仲間内の符丁としてのもので，どこからが自分だけが見えているものなのかということ，それを意識したうえでやってもらわないと，シラケてしまう。「勝手ニシテ！」と言いたくもなってしまう。

岡村　まあ，押えて，押えて（笑）。問題は，事実をどういうふうに詰めていくか，ということだと思うんです。事実というのは，方法さえ正しければ，誰がやっても同じはずだと思うんですよ。だから，共通の事実を共同して詰めていくことができるかどうかということだと思うんです。

林　私は岡村さんほど楽観的にはなれないけど確かに共通の事実を共通の立場で詰める機会とい

うのが意外に少ないのは事実でしょうね。シンポジウムとか検討会が花ざかりのようだけど，じつは出来あがった結論と仲間内の名誉を背負って高いところにあがっている（笑）。だから，さしあたっての処方としては，岡村さんのいうようなやり方――研究の過程の共有と言ったらいいのかしら，そんなことがもっともっとさかんにならなければいけないでしょうね。それはそれとして，話が随分もとのところからそれてしまったけど…。

岡村　えーと，何の話でしたっけ（笑）。

林　遺跡群のまとまり，それと地域差のことだろう（笑）。

5　地域性と文化

林　これはこまかな問題になるけど，私は縄文人は資源の荒廃を防ぐために，かなりひんぱんに――きまった範囲のなかでのことだけど――移動を繰り返していた，と考えているんです。さきほどの話だと，一つの川筋ということで考えている範囲は 4 km から 20 km ということだけど，それで資源の荒廃を防ぐことができるかどうか……。でも，これも遺跡群の分析がまだそこまで進んでいない，と言って逃げられそうだな……。

岡村　お察しのとおりです（笑）。

林　どうも，そう素直に出られると，追及するにも勢いがなくなってしまう（笑）。けれど岡村さんが考えている遺跡群とか領域の構造は，縄文にも旧石器にも共通することになりかねない。旧石器の領域・縄文の領域の違うところ，共通するところを具体的に押えていくことだろうと思う。そこのところをもう一度説明してもらいたい。

岡村　私たちが「地域性」と呼んでいるのは，結局のところは，旧石器時代の人びとの地域的なまとまりそのものと，まとまりをつかまえる手がかりのことだと思うんです。だとすると，旧石器時代の地域性ということで，ナイフのタイプの違いがとり上げられるわけですが，それはわれわれが確認できるもっとも大きなまとまりだと思います。というのは，遺跡群というのは，石器のタイプとはまた違った次元で，地域的なまとまりを反映していると思うんですが，いくつもの遺跡群が一つのタイプのナイフの分布圏を作っています。

同じ杉久保ナイフを使っていたとしても，野尻湖畔に住んでいた人びとが，庄内盆地の人びとと結びつきを意識していたかどうかはわからない――われわれがそう考えているだけかも知れない。しかし，一つの遺跡群となると，同じタイプの石器の分布圏よりは，はるかに実質的な意味をもってくる。乱暴だということは承知のうえであえて言えば，一つの集団の人びとが，いくつかの時期にまたがって，一つの遺跡群を残した，といえるのではないかと思うんです。

遺跡群と遺跡群がどのように結びつくのかということ，それを残した人びとがどんな関係にあったのか，それはまだわかりません。これから分析しなければいけない問題です。その問題はしばらく脇におきまして（笑），遺跡群のまとまりを見ると，旧石器時代の地域的なまとまりというのが意外に安定しているようです。ただし，縄文時代の地域的なまとまりよりルーズで大きいようですが縄文時代の地域性といっても，案外ナイフの時期からのものを踏襲しているような気がするんです。日本人が日本人になったのは，ナイフが主要な道具として確立するぐらいの時期に，きちっとした地域性があらわれてきた時期ではないかと，私は考えたいですけれどね。

林　確かに，縄文が日本の＜基層文化＞だと言うのなら，ナイフの時期の文化だってそれなりの意味をもっているといってかまわない。地域的な結びつきだとか，地域社会と呼べるようなものが出現した時期として，大きな意味をもっている。

岡村　それに，ナイフがこれだけいくつものタイプに細分されていて，たくさん使われているというのは，シベリアを含めて東アジアには例がないわけでしょう。中国で切り出しが見つかったとか，韓国のスヤンゲにナイフがあるとかいってもまだあるというだけの話ですからね。

林　日本の住民がナイフという道具を発明したわけではないけれど，この地域で特殊な発展をとげていることは確かでしょうね。いま確認されているさまざまなタイプのナイフが，よそからの影響を受けていると判断するだけの根拠はない。その意味では，ナイフの時期というのは，地域的な特色をもった文化がはじめて現われる時代で，縄文文化の先駆けだといえる。それはそれとして，ナイフの時期にそれだけ安定した地域性ができ上っていたとして，それはそのまま縄文にまで引き継がれるわけではない。ナイフの後には細石核・細石刃の時期があって，この時期には地域的なまとまりが大きく揺れる。

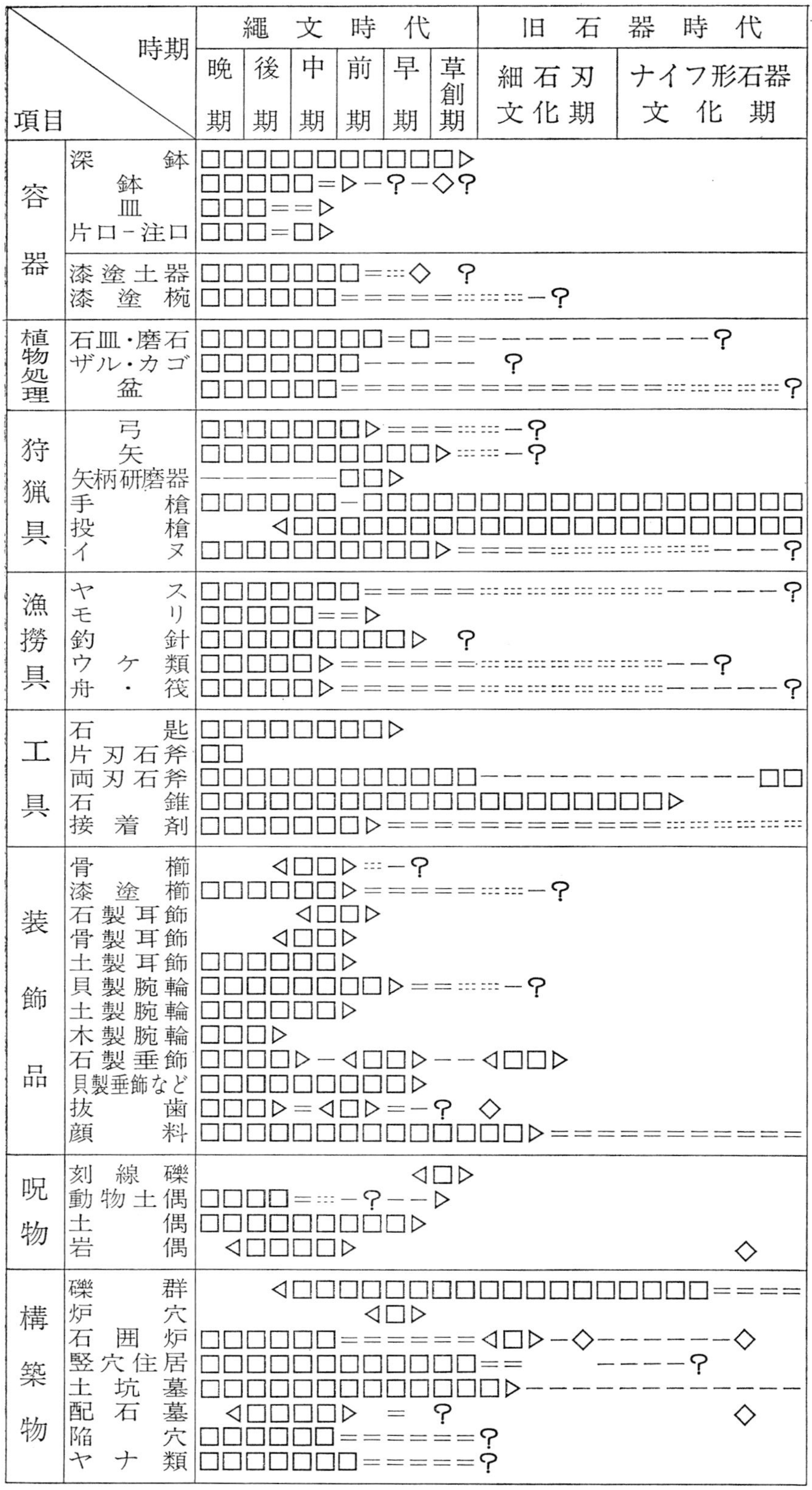

項目＼時期		縄文時代 晩期	後期	中期	前期	早期	草創期	旧石器時代 細石刃文化期	ナイフ形石器文化期
容器	深鉢	□□□□□□□□□□□□□▷							
	鉢	□□□□□=▷−？−◇？							
	皿	□□□==▷							
	片口−注口	□□□=□▷							
	漆塗土器	□□□□□□□□=:::◇ ？							
	漆塗椀	□□□□□□=====:::::::::−？							
植物処理	石皿・磨石	□□□□□□□□□=□==−−−−−−−−−−−−−？							
	ザル・カゴ	□□□□□□□□−−−−− ？							
	盆	□□□□□□================::::::::::::？							
狩猟具	弓	□□□□□□□▷===::::::−？							
	矢	□□□□□□□□□□□▷::::::−？							
	矢柄研磨器	−−−−−−□□▷							
	手槍	□□□□□□□−□□□□□□□□□□□□□□□□□□□□□□							
	投槍	◁□□□□□□□□□□□□□□□□□□□□□□□□							
	イヌ	□□□□□□□□□□□▷====:::::::::::::::::::::::−−−？							
漁撈具	ヤス	□□□□□□□□=====::::::::::::::::::::::::−−−−−？							
	ヤモリ	□□□□□==▷							
	釣針	□□□□□□□□□□▷ ？							
	ウケ類	□□□□□▷======:::::::::::::::::::::::::::−−？							
	舟・筏	□□□□□▷======::::::::::::::::::::::::−−−−−？							
工具	石匙	□□□□□□□□□▷							
	片刃石斧	□□							
	両刃石斧	□□□□□□□□□□□□□−−−−−−−−−−−−−□□							
	石錐	□□□□□□□□□□□□□□□□□□□□□□▷							
	接着剤	□□□□□□□▷============::::::::::::::::::							
装飾品	骨櫛	◁□□▷:::−？							
	漆塗櫛	□□□□□□□▷=====::::::−？							
	石製耳飾	◁□□□▷							
	骨製耳飾	◁□□▷							
	土製耳飾	□□□□□□□▷							
	貝製腕輪	□□□□□□□□□▷==::::::−？							
	土製腕輪	□□□□□□□▷							
	木製腕輪	□□□▷							
	石製垂飾	□□□□▷−◁□□▷−−◁□□▷							
	貝製垂飾など	□□□□□□□□□□▷							
	抜歯	□□□▷=◁□▷=−？ ◇							
	顔料	□□□□□□□□□□□□□□□▷===========							
呪物	刻線礫	◁□▷							
	動物土偶	□□□□=:::−？−−▷							
	土偶	□□□□□□□□□□▷							
	岩偶	◁□□□□□▷ ◇							
構築物	礫群	◁□□□□□□□□□□□□□□□□□□□□□====							
	炉穴	◁□▷							
	石囲炉	□□□□□□======◁□▷−◇−−−−−−◇							
	竪穴住居	□□□□□□□□□□□□== −−−−？							
	土坑墓	□□□□□□□□□□□□□▷−−−−−−−−−−−−−							
	配石墓	◁□□□□□▷ = ？ ◇							
	陥穴	□□□□□□□======？							
	ヤナ類	□□□□□□□□=====？							

□広い分布を示す場合
◁文物のはじまり
▷文物の終末
◇稀少例
＝きわめて可能性が高い場合
:::可能性が高い場合
ー可能性があるかまたは分布が限られる場合
？不明

なお，以上のマークは大まかな時間の幅を表わすにとどまっている。

図 5　旧石器一縄文の文物の推移

たとえば，ナイフの時期にあれだけ大規模な遺跡が見つかっている月見野（つきみの）とか武蔵野台地で，細石核・細石刃やその直後の遺跡となると，スズメの涙くらいになってしまう。ナイフの時期に一度でき上った地域的なまとまりが，細石刃の時期になってまた組み替えられている……。

岡村　それはそうですよ。北からも南からも大きな流れが日本列島に入り込んできている。それにともなって，各地で人口の移動を含む大きな動きが起こる。それは間違いないでしょう。

ただ，しばらくすると細石刃の技術にいろいろなバリエーションが生まれる。湧別（ゆうべつ）技法に対するオショロッコ技法とか蘭越（らんこし）技法とか。私はこういう現象を列島の外から入ってきた新しい技術がそれぞれの地域に定着するときに起こっていると考えてはどうだろうかと思うのです。そうすると一時的な揺れはあっても，一つの地域のまとまりというのは，また場所は違っても持続されていると考えられないでしょうか。

林　おもしろい意見だけど……。考古学では「文化」とか「集団」というものは道具だとか残された遺構の特徴で定義する，ということになっている。同じ地域に同じような規模の遺跡群が残されていたとしても，新しい道具を使っていれば別の文化をもった別の集団だ，と定義しなければしようがない。文化や集団を定義する条件のなかに遺跡群を組み入れてしまえば，岡村さんがいま言ったような意見も問題がない，といえるかも知れない。でも遺跡群というのはいわば人間の軌跡なわけで，人間そのものの中身までは知らせてくれない。だから，同じところに同じような遺跡群が残されている，ということは必ずしも同じ人間がそこに住みついていた，と解釈するわけには行かないんではなかろうか。

ところでもう余裕がなくなってしまって，旧石器から縄文へというテーマには入れそうもない。雄山閣から原稿料を返せといって怒られるかしら（笑）。

岡村　じつは，こんなことになるんではないかと思って，佐原眞先生の真似をして，旧石器から縄文につながる要素，縄文になって新しく現われる要素をまとめてみたんです。

林　それで安心した（笑）。それじゃ，ズルイようだけど，その中身を簡単に説明してもらって，この対談はおしまいということにしましょう（笑）。

編集部　長時間にわたって貴重なお話を承り，ありがとうございました。なお次号より林謙作先生の「縄紋時代史」が始まります。　（完）

旧石器と縄文の比較

集団のセツルメントについては，図4の要素などで検討したところ，遺跡の大きさ，立地については明確な差はない。またある原産地の黒曜石が分布する範囲もほとんど変わらず，接合資料については旧石器の接合率の方がはるかに高い。したがって，これらの根拠では旧石器時代の方が放浪的だったとはいえない。

しかし一方，縄文時代の竪穴住居は円形を基本に配列されることが多く，ゴミ捨場は貝塚が象徴するように100mを越すものさえあり，場所を固定している。そして，墓・貯蔵穴なども安定して営まれる。ところが旧石器時代にはこのような遺構はきわめて少ない。また重くて運搬が容易でない石皿・土器については，前者が旧石器時代に全国で数例あるものの，いずれも縄文時代の代表的道具である。さらに遺跡群の広がりは旧石器時代の方が大きく，群を構成する遺跡の数も多い。これらのことは，旧石器時代が縄文時代より放浪的であったことを証明する。

生産用具については，旧石器時代の海辺の遺跡あるいは木や骨角製の道具，食料残滓などが残っていないので十分な対比はできない。そこで共通して残りうる石製と土製の道具について検討してみよう。利器は旧石器時代がナイフ形石器から細石刃が主体となり，彫刻刀形石器が伴う。縄文時代は石鏃が主体で，磨製石斧・石皿・磨石・凹石が特徴的である。しかし，スクレイパー類，石錐，楔形石器は基本的に共通する。ナイフ形石器・細石刃・石鏃がいずれも狩猟具の一部を構成したという考えもあり，意外と共通する要素が多いのかもしれない。決定的に違うのは，土器と第二の道具ともいわれる装身具・呪術具の有無であろう。　（岡村）

主に図4は岡村が，図5は林がまとめ，それに先立って11月2日に北海道大学で吉崎昌一・大沼忠春・木村英明・横山英介・上野秀一・長沼孝の諸氏と懇談し有益な助言をえた。

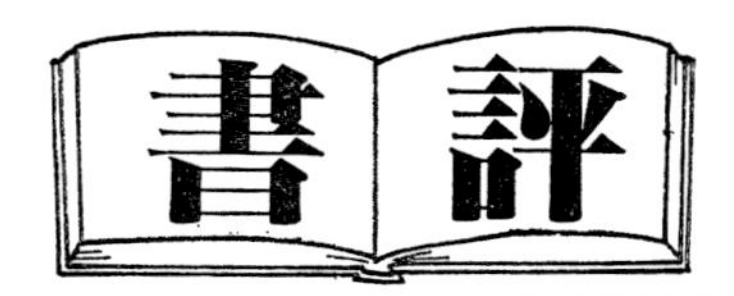

網野善彦・石井　進 編

中世の都市と墳墓

—一の谷遺跡をめぐって—

日本エディタースクール出版部
四六判　266頁
2,000円　1988年8月刊

日本の中世史研究において，近年，目覚ましい展開をみせているのは都市とそれにまつわる分野である。文献史学者によるかつての都市研究は，とかく文献資料の分析による研究の視角が提示されてきていたが，最近における研究の動向は，文献資料に加えて絵画資料さらには地名資料，ときに物質資料をも活用する傾向が顕著になってきている。かかる状勢は，各地において進んでいる中世遺跡の発掘調査の動きとも関連して，新しい中世都市像の再構築を目指しているものとして把握することができる。

中世における都市の研究は，必然的に都市形成の基盤としての生活の実態を明らかにすることでもあり，そこに生きた人びとの活動の場を空間的に理解するところとなった。その研究の一視点として設定されているのが墓域とそこに営まれた葬墓制の実態把握である。

中世における生活空間としての都市域と来世空間としての墓域とのあり方については，従来，考古学の分野においても決して等閑視されてきたわけではなかった。しかし，墓域については，そこに残されている象徴的な墓塔・墓碑，さらには偶発的に見出された骨蔵器などの個別的認識に止どまり，空間領域としてのあり方を都市域と有機的に関連づけて把握するダイナミックな視点が欠如していたことは事実であった。しかるに，都市域の空間に対する発掘が実施されるようになり，改めて考古学においても都市域と墓域の実態解明が意図されてきている。

静岡県磐田市見付“一の谷中世墳墓群”の顕現はかかる状況にあるわが中世の都市域と墓域を考える際にきわめて重要な資料として関係学界の注視を浴びるところとなった。

1984年より88年にかけて山村宏氏を中心として発掘調査された一の谷中世墳墓群は，旧東海道見付宿の北方丘陵上に存在し，その面積は15,550m^{2}に及ぶ。この中世墳墓群は，「塚墓」「土壙墓」「造付け墓」「集石墓」そして「荼毘跡」より構成されているもので，古代末より近世初頭にかけての累代的墓地として形成されたことが明らかにされた。

かかる一の谷中世墳墓群の提起する課題をめぐっては，すでに講演会・研究集会，あるいはパンフレット（『遠江見付の中世と一の谷墳墓群』Ⅰ・Ⅱ），雑誌の特集（『歴史手帖』1986年11月号）などによって関係の諸学界に周知されてきたところであるが，この度，その重要性に鑑みて，講演会「一の谷中世墳墓群と見付の中世」（1987年11月15日，静岡県磐田市）の記録を中心として一書が編まれた。

『中世の都市と墳墓』と題する本書は，その副題に「一の谷遺跡をめぐって」とあるように，一の谷の中世墳墓を通して，中世の都市と墳墓をめぐる問題に一石を投じたものであると言えよう。

巻頭に網野氏論文（中世都市と「場」の問題をめぐって）を配し，第Ⅰ部として講演会記録（Ⅰ見付の中世—歴史・考古・民俗，石井進氏—中世都市見付と「一の谷墓地」，水野正好氏—「一の谷・光堂山蓮光寺・極楽」の世界，宮田登氏—墓制と魂の行方）を，第Ⅱ部として“一の谷中世墳墓群”の実情（山村宏氏—一の谷中世墳墓群の発掘），第Ⅲ部として“見付の宗教と文化”について二論文（保立道久氏—町場の墓所の宗教と文化，新谷尚紀氏—遠州見付宿の葬墓制と他界観）を収め，巻末に保存問題の関係資料を付加した本書の刊行は，一の谷中世墳墓群の発掘成果を踏まえて中世の都市と墳墓をめぐる問題を真正面より把えたものである。

そこには，文献史学・考古学・民俗学を専攻領域とするそれぞれの執筆者が，自己の領域を超えて多方面より一の谷遺跡の歴史的意義を闡明しようとする意欲的な見解の披瀝が満載され，現在の学界の成果に立脚した新鮮な問題提起の書ともなっている。

考古学の分野においては，発掘調査の中心的推進者である山村氏によって中世墳墓の類型設定がなされているが，豊富な資料の体験的把握にもとづくものであり，今後における墳墓類型の設定に一つの拠所をあたえるものとなるであろうし，また，水野氏が指摘している「墓標を欠く墓地」のあり方が，日本の各地域において時間的にどのように整理され，それの有する背景が如何に把握されてくるのか興味あるところである。

一の谷中世墳墓群の重要性については，本書を繙くすべての人びとに共有されることは疑いないところであるが，関係者の願いも空しく保存がついに叶わぬところとなったのは遺憾の極みである。

本書は，市民向けの写真集『一の谷中世墳墓群』（磐田市教育委員会刊）と共に，来るべき本報告書の刊行まで，本遺跡群の調査の経過と発掘の成果を伝える書として広く活用されることになるであろうし，同時に，中世における都市域と墓域研究についての学際研究の一事例として関係学界に膾炙されることは疑いない。識者の一読を期待したいと思う。

（坂詰秀一）

論文展望

選定委員（敬称略）（五十音順）
石野博信
岩崎卓也
坂詰秀一
永峯光一

羽生淳子

縄文時代前期諸磯期の遺跡における竪穴住居の数

人類学雑誌　96巻2号
p. 147～p. 166

縄文時代の各遺跡において検出された住居址の総数は，しばしば遺跡の規模を測るひとつの尺度として用いられる。しかし，これらの住居址は必ずしも同時に存在したものではなく，長期間にわたる累積の結果である場合が多い。したがって，一時期における実際の集落の規模を考える場合には，一遺跡における住居址の総数ではなく，同時に存在した可能性のある住居の数を検討する必要がある。

このような試みのひとつとして前期諸磯式期の住居址を伴う遺跡について，各遺跡から検出された諸磯式期の住居址を，出土した土器に基づいて6つの細分型式期に分類し，細分型式期ごとの住居址数からみた遺跡規模の検討を行なった。検討の対象とした資料は，東京，神奈川，埼玉，群馬の一都三県に分布する諸磯式期の住居址を伴う遺跡のうち，(1)発掘面積が1,000 m² 以上であり，(2)報告書などから各住居址の細分型式期を推定し得る，という2点の基準を満たす51の遺跡である。

分析の結果，各細分型式期を1回の居住と仮定した場合には，一時期の住居の数が4軒以下と考えられる例が全体の大部分を占めることが明らかになった。したがって，この時期のセトルメント・システムや人口の復元を試みる際には，このような小規模な集落の存在を考慮に入れる必要がある。とくにこれらの小規模な集落が，季節的ないし一時的な居住の跡で，大規模な集落とは性格の異なるものなのか，あるいは大規模な集落と基本的には同等の機能を有していたのか，が今後の検討課題となろう。前者の場合には，季節的な移動を伴う半定住的なセトルメント・システムが想定可能となる。

今回の分析結果は，いくつかの仮定の上に基づいた試算であるが集落の実際の規模を考える上でのひとつの目安となる値であると考えている。今後，他時期・他地域において，同様の検討が行なわれることを期待する。（羽生淳子）

安孫子昭二

加曽利B様式土器の変遷と年代（上）

東京考古　6
p. 1～p. 33

関東地方の縄文後期中葉に位置づけられる加曽利B様式土器の概要は，昭和14年，山内清男の「日本先史土器図譜」Ⅲ・Ⅳにより知ることができる。そこでは，今日の加曽利B1・B2・B3式に踏襲された，古い部分，中位の古さ，新しい部分の内容が示されたが，古の土器組成こそ明瞭であるものの，中の資料は鉢形土器に偏重しており，文様なども古からの脈絡系統がはっきりしないものが多いし，新は資料の図示がないのでさらにわかりにくい。加曽利B様式は研究史上では古くより確固たる編年位置にありながら，意外に不分明であったのである。

先に筆者は，加曽利B様式土器を理解するうえでの鍵となるのは，堀之内2式から曽谷式まで10階程の変遷を辿りうる，口縁に3単位の突起をもつ精製深鉢であり，これを加曽利B様式の標準型式とした。この3単位突起の深鉢を，各遺跡の一括資料の編年上の物指しにすれば，加曽利B様式文化の実態がもう少し整理しやすくなるはずなのである。

その後，大塚達朗・鈴木正博の両氏も筆者の3単位突起の深鉢に着目し，各自の看点から研究を掘り下げた結果，三者三様の微妙な齟齬を生じるにいたっていた。そこで筆者は寿能遺跡をはじめとする資料の充実を踏まえ，改めてこの間の問題を整理したものである。これにより，この深鉢の標準型式としての有効性が高まったといえよう。

すなわち，先の変遷過程が10階程から13階程になって変遷間の溝が埋まり，円滑な推移が読み取れること。また，港区西久保八幡貝塚の層序から，¹⁴C 年代測定による加曽利B様式のはじまりが3680±65年，終焉が3500±65年，存続年数にしておよそ180年前後と算定されたこと。これを標準型式とした深鉢の1階程の平均存続年数に割り振ると，せいぜい15年程度ということになるのである。

（安孫子昭二）

渡辺　仁

農耕化過程に関する土俗考古学的進化的モデル

古代文化　40巻5号
p. 1～p. 17

この論文は狩猟採集民から農耕民への変化を解明するための新しいモデル（作業仮設）の提供を目的とする。

未開社会の生計システムは技術システムと儀礼システムが一体化された食物生産組織であって，それに性別分業と年齢分業が組みこまれている。Childe 以来の社会学的アプローチにもかかわらず，農耕起源の研究には未だ農耕システムそのものの構造的研究が欠乏している。ここに提出する構造モデルは，そのような欠陥を克服するための具体的なガイドラインを目指すものであって，主な内容は次の通りである。

(1)農耕システムの発明の主役は女性ではなく，狩猟採集社会の知的エリートとしての退役狩猟者(長老)層であった。

(2)農耕システムの進化的最大利点はそのハードウエアとソフトウエアの可分性が大きく，しかもこの性質の利用による生産効率が高いことにある。

(3)発明に次ぐ普及(伝播・借用)の段階でそのソフトとハードの分離（分担）が起こり，前者は発明段階から男性の手中にあったが，後者の担当が女か男かで農耕システムに女性耕作型（狩猟社会）と男性耕作型（農耕社会）の2型が生じた。

(4)わが国における農耕の初期形態とされる縄文晩期の水田耕作は女性耕作型の可能性がある。

(5)わが国における社会の農耕化つまり男性狩猟民の農民化は弥生時代になってからであって，これが中期になると生産力の向上から平等主義的未開社会の域を脱し，富と権勢を競う進歩的農耕社会へと発展した。

(6)わが国の社会の農耕化過程は飛躍ないし革命がなく，急激ではあっても漸移的（段階的）であって，その意味で進化的といえる。

（渡辺　仁）

西　健一郎

地下式板石積石室墓の基礎的研究

九州文化史研究所紀要　33
p. 167～p. 209

地下式板石積石室墓（以下石室墓と略す）は九州南西部の一画，主に球磨川と川内川に挟まれた地域に分布する。石室墓は平面形態上，方形・楕円形・円形に板石で囲んで石室を作り，板石を持ち送って鱗状に蓋をし，地上に土饅頭程度の盛土をする墳墓をいう。天草諸島から阿久根市，川内市の間には方形のままで変化する同種の墳墓がある。

本論では，まず石室墓の研究史を詳細に検討し，筆者の石室墓研究の視点と方法についてまとめた。石室は平面形態上の違いの3者を分類の基本とし，石室構造上の特徴を加えて7類に細分した。方形，楕円形，円形の順に新しくなると考えている。最古の石室墓は出水平野の堂前遺跡1号墓などに代表され，起源を石棺構造が共通する，八代海に展開した古墳時代の古式の箱式石棺の一つに求め，初現を3世紀末ごろとした。最大の特徴である板石積は，弥生後期の木棺墓の覆石の伝統が，箱式石棺の蓋石に板石積を採用させたと考える。円形石室への変化は，加久藤盆地の吉松町永山遺跡10号墓円形周溝内から出土した畿内系の短脚高杯から，布留古式土器の時期かそれ以前，4世紀前半期ごろと思われる。石室墓の終焉は，最新の形態と思われる石室墓の出土鉄鏃が従来と一変して小型化しており，この変化を長頸鏃の影響と考え，5世紀の前半期，遅くとも5世紀の中ごろであろうとした。石室墓は，古墳時代初期の墳丘のない箱式石棺系の墳墓で，南西部九州で独自に発展した墓制の所産といえよう。

ただ，各地域の弥生時代から古墳時代の状況と石室墓や古墳の動向，五島列島などの箱式石棺の分析，八代海における古墳の動向，天草から川内市間の類似墳墓の分析，石室墓出土鉄器の検討，石室墓の特徴から見た社会構造と古墳社会の比較検討，南九州古墳時代の特徴など詳述できなかったり，残された課題が多い。（西健一郎）

広瀬和雄

中世村落の形成と展開

物質文化　50
p. 7～p. 27

考古資料に立脚した中世村落論は可能か。いまやかなりの量に達した中世村落資料を，中世史学の成果を意識しながら分析してみた。まず，鎌倉時代の資料を4つに類型化した。A型は 20～30 m² くらいの小規模な建物が数棟あつまったもの（下層農民層）。B型は 50 m² 前後の中型の建物に小型の建物が付属する（上層農民層）。C型は 100 m² を超えるような大規模な建物に中小の建物が付属する(大経営を行なう富裕農民層)。D型は堀や塀（土塁）をめぐらした広い空間に，巨大な建物を中核として，中小の建物が多数混在する(領主の居館)。占拠面積は1町四方と半町四方があるようだ。

以上の4類型の建物群が，一定の距離をおいて点在し，散村風景を呈している。そのなかでも領主の居館がひときわ戦闘的な装いをみせ，他のいわば無防備な農民層の屋敷を威圧していた。こうした村落の景観・構造からみるかぎり，領主が上下農民層を放射状に支配していたことが推測される。農民相互の横のつながりはさほど強固ではなかったようだ。

中世村落を構成するA・B・C型の建物群は，10世紀末前後に出現した。A・B型は班田農民層の分解したもの，C型は官人首長層の変質したもの，そしてC型のなかから領主の居館が成立した。注意すべきことは，畿内の領主居館を囲繞する堀には，流水痕跡がほとんどみとめられない事実である。文献史学において描かれた，東国を中心とした「開発領主」とは異なったイメージが得られそうだ。おおざっぱにいうと，畿内と東国の領主の成立した歴史的背景が違った可能性がある。

14世紀以降の村落遺構はきわめて少ない。現代農村と重複しているようだ。畿内農村を特徴づける集村がこの頃から形を整えはじめた確率が高い。農村と水田の二元的分離がはじまったともいえる。一方領主の居館は農民層の居住空間から離れ，地形を利用した城郭へと発達していく。（広瀬和雄）

●報告書・会誌新刊一覧●

編集部編

◆**新道４遺跡**　北海道埋蔵文化財センター刊　1988年３月　Ａ４判　667頁

木古内川下流右岸の標高20ｍ内外の段丘の縁にそって広範囲に広がる旧石器・縄文時代の遺跡。旧石器時代は石器群の特色より，第１次的な石器製作跡とされる。縄文時代の遺跡からは，早期末葉から晩期中葉の土器を主体とした遺物が検出されており，巻末に胎土分析や炭化木材の樹種同定などを収録している。

◆**李平下安原遺跡**　青森県教育委員会刊　1988年３月　Ｂ５判　647頁

青森県の中央部，浅瀬石川による開析扇状地の扇央に位置する。奈良・平安時代の竪穴住居跡 144軒や土壙・井戸跡などが検出された。とくに第61号土壙からほぼ完全な平安時代の人骨が出土。また豊富な土器・陶磁器・鉄製品・土製品・石製品が出土している。

◆**笹間館跡発掘調査報告書**　岩手県文化振興事業団埋蔵文化財センター刊　1988年３月　Ｂ５判　667頁

花巻市南部，奥羽山脈東側山麓を東流する宇南川南方の低台地上に所在する中世城館跡。堀により区画された館のほぼ全域の調査の結果，15世紀初頭に構築され，16世紀末の豊臣秀吉による奥羽仕置によって廃城となった文献記録と対応することが判明し，その間３期の変遷が捉えられている。

◆**三ツ寺Ｉ遺跡**　群馬県教育委員会刊　1988年３月　Ｂ５判　本文編449頁　図版編266頁

群馬県の前橋台地上，井野川の支流猿府川が開析した低台地上に位置する。遺跡は５世紀後半から６世紀前半にかけての一辺約86ｍの方形の居館跡で，柵列・堀がめぐらされ，木樋・水道橋・堰などが検出されている。滑石・木製の祭祀遺物や，羽口・ルツボ・砥石などの金属精錬工具も出土しており，古墳時代の豪族居館跡の様相を明示するものである。

◆**下野国府跡 VII**　栃木県教育委員会刊　1987年３月　Ａ４判　本文編204頁　写真図版編213頁

栃木市東方を南流する思川右岸に所在する，下野国府跡遺跡から出土した木簡・漆紙文書の報告。これまでに出土した木簡約5,200点，漆紙文書11点を主として釈文・実測図などで収載している。付章として墨書土器などの釈文が掲載されており，国府出土の文字資料の大半を見ることができる。

◆**横浜市史　考古資料編**　横浜市刊　1982年３月　Ｂ５判　520頁

学史上著名な港北区南山田町の鶴見川の支流早渕川中流域左岸に位置する南堀貝塚と，鶴見川上流部の緑区市ヶ尾古墳群の，調査後32年を経た報告。南堀貝塚からは縄文時代前期の竪穴住居跡約50軒が検出されている。市ヶ尾古墳群の報告は，近隣の大場横穴墓群を含め付近の関連遺跡の調査をまとめ収録している。共に初めて公けになった貴重な資料である。

◆**地附山古墳群**　長野市教育委員会刊　1988年３月　Ａ４判　90頁

長野県北部，長野盆地北西端の地附山東斜面に位置する７基の古墳群のうち，合掌型石室を有する２基を含む５基の円墳の報告。第２号墳では２カ所の土器埋納坑が検出され，第５号墳石室からは馬具・鉄剣などの鉄製品が出土している。古墳群の形成年代は，豊富な須恵器を中心とする出土遺物より，５世紀後半から６世紀前半に比定されている。

◆**釈迦堂II**　山梨県教育委員会刊　1987年３月　Ａ４判　本文編 323頁　図版編640頁　写真編204頁

山梨県の中央部，一宮町と勝沼町にかけて所在する釈迦堂遺跡群のうち，勝沼町三口神平地区の報告書。縄文前期初頭から中期後半の住居跡167軒，土壙約800基，土器捨て場３カ所が検出されている。有孔鍔付土器・土偶・耳栓・土製円盤などの遺物も豊富に出土している。

◆**平田古墳群**　南山大学人類学博物館刊　1987年12月　Ｂ５判　498頁

伊勢平野の中間に位置する本古墳群は，安濃川右岸の平田山丘陵に立地する。造営期間は５世紀中頃から７世紀末までである。40基近い円墳・方墳を中心に，40基余りの土壙墓や10余基の小石室墳が発掘された，大規模な群集墳である。とくに注目される遺物としては，第14号墳の象嵌円頭大刀があり，第12号古墳の石室は畿内終末期の石室との関連で注目される。

◆**野山遺跡群Ｉ**　奈良県立橿原考古学研究所刊　1988年３月　Ｂ５判　441頁

奈良県の北東部，ロ宇陀盆地の芳野川中流域の小支流を臨む低丘陵上に散在する野山遺跡群の調査報告書。主に５世紀中葉から６世紀後半の33基からなる群集墳を中心に，前期の方形台状墓，江戸時代の寺院跡・火葬墓群などを収録している。

◆**瑠璃光寺跡遺跡**　山口市教育委員会刊　1988年３月　Ａ４判　700頁

山口県の中央部を南流する仁保川左岸に位置する，県内有数の中世墓群。174基の墓と，４基の供養施設から構成される室町時代の墓群で，４期にわたる変遷が捉えられている。墳墓群の分析と他遺跡との比較により，造墓集団は当地の地頭職にあった二保氏と推測されている。他に県内の石塔編年，出土人骨の検討を含む５編の付篇を掲載している。

◆**三国の鼻遺跡 III**　小郡市教育委員会刊　1988年３月　Ｂ５判　778頁

福岡県南西部の三国丘陵上に位

置する弥生から古墳時代の遺跡。本書には，報告済みの三国の鼻1号墳，弥生前期の墓群を除いた遺構の報告を収録している。弥生時代前期から古墳時代にかけての住居跡群，弥生時代後期の環濠集落，4世紀後半から7世紀代の方墳および円墳などが検出されており，弥生前期の無文土器が多量に出土した。胎土分析，国内の無文土器の集成も行なっている。

◆**有田町史　古窯編**　有田町史編纂委員会刊　1988年3月　A5判　707頁

陶器産業で著名な，佐賀県有田町に展開した近世窯業の歴史を陶器の時代・陶器から磁器へ・磁器中心の時代へ・海外輸出時代・国内市場の開拓・地方窯との競合の6期に区分して解説している。それぞれ発掘調査が行なわれた古窯跡の成果をもとに変遷が捉えられている。本書後半には1,200点に及ぶ関係資料の写真図版が収められている。

◆**新潟考古学談話会会報**　第1号　新潟考古学談話会（新潟市石山3—4—47 寺崎方）1988年3月　B5判　60頁

佐渡国分寺古瓦についての覚書…………………山本　肇
刈羽式土器について……寺崎裕助
新潟県における中世考古学の現状と課題……………………坂井秀弥
新潟県の複式炉…………田辺早苗
越後の古墳時代中後期の土器について……………………川村浩司
「王冠型土器」をめぐる諸問題について……………………品田高志
新潟県の縄文時代後期中葉の土器について………………国島　聡

◆**栃木県考古学会誌**　第10集　栃木県考古学会　1988年4月　B5判　98頁

坊山遺跡出土の阿玉台Ⅰa式土器…………………塚本師也
古墳出現期における外来系土器の検討　…………………小森紀男
栃木市鹿島神社古墳について……秋元陽光・大橋泰夫
子持勾玉と野沢岩蔵の記録…………………篠原裕一
星の宮ケカチ遺跡の検討…………………仲山英樹
栃木県那須郡南那須町荻の平遺跡出土の遺物について…鈴木　実
西山田遺跡採集の古瓦について…………………中野正人

◆**歴史人類**　第16号　筑波大学歴史・人類学系　1988年3月　B5判　340頁

北海道河東郡上士幌町嶋木遺跡の石器文化…加藤晋平・山田昌久

◆**群馬県立歴史博物館紀要**　第9号　群馬県立歴史博物館　1988年3月　B5判　140頁

東国における画像板碑造立の展開…………………磯部淳一
物部君，磯部君，石上君………………石川正之助
沖Ⅱ遺跡における「再葬墓」の構造…荒巻　実・若狭　徹・宮崎重雄　外山和夫・飯島義雄

◆**研究紀要**　第4号　埼玉県埋蔵文化財調査事業団　1988年1月　B5判　220頁

神子柴文化をめぐる諸問題…………………栗島義明
縄文時代の土偶装飾をもつ土器について………………浜野美代子
北武蔵における古瓦の基礎的研究Ⅱ…………昼間孝志・宮　昌之　木戸春男・赤熊浩一

◆**人類学雑誌**　第96巻第2号　日本人類学会（東京都文京区弥生2—4—16　日本学会事務センター）1988年4月　B5判　128頁

八幡一郎先生を偲ぶ……江坂輝彌
縄文時代前期における集落の規模…………………羽生淳子

◆**国学院大学考古学資料館紀要**　第4輯　国学院大学考古学資料館　1988年3月　B5判　110頁

擦文文化に於ける須恵器について…………………山本哲也
松喰鶴鏡の系譜…………内川隆志
柄鏡画材考（1）…………青木　豊
白山山頂学術報告……国学院大学白山山頂学術調査団

◆**物質文化**　第50号　物質文化研究会　1988年5月　B5判　64頁

古墳出現期の諸問題……高橋一夫
中世村落の形成と展開…………………広瀬和雄
江戸時代中・後期の瀬戸窯…………………仲野泰裕
近世遺跡と考古学………古泉　弘
北海道における中・近世考古学の現状と課題…………越田賢一郎

◆**東京考古**　第6号　東京考古談話会　1988年5月　B5判　155頁

加曽利B様式土器の変遷と年代………………安孫子昭二
新・東京都における縄文時代の袋状土坑…………………桐生直彦
西多摩郡桧原村「峰遺跡」発掘調査の小さな成果…………黒尾和久
古墳出現期の集団内関係…………………三木　弘
大久保百人町遺跡について………………上敷領　久

◆**研究論集**　Ⅵ　東京都埋蔵文化財センター　1988年3月　B5判　110頁

東京湾西岸流域における方形周溝墓の研究Ⅱ……………伊藤敏行
蛍光X線分析法による大丸窯跡群出土試料の胎土分析…永塚澄子・栗城譲一・植田　孝
基本層序第Ⅱ層（ⅡB・ⅡY層）に関する覚書……鶴間正昭・小島正裕

◆**先史考古学研究**　第1号　阿佐ヶ谷先史学研究会（東京都杉並区阿佐ヶ谷南 2—11—19　佐藤方）1988年6月　B5判　97頁

斜軸尖頭器石器群からナイフ形石器群への移行…………安斎正人
北日本縄文式早期吹切式系統の後半期編年……………名久井文明
高山式土器の編年………関野哲夫

◆**東国土器研究**　第1号　東国土器研究会（藤沢市大庭5450駒寄5—501　服部実喜方）1988年4月　B5判　169頁

日野市栄町遺跡出土の古代末期の土器について…………小林和男　中村高志
信濃における平安時代後期以降の土器様相………………鋤柄俊夫
多摩ニュータウン No.692 遺跡出土の遺物………………斎藤　進
南広間地遺跡出土の中世陶器について…………………森　達也
綾瀬市宮久保遺跡出土の中世遺物について…………………国平健三

福島県における中世陶器生産の様相……………………………飯村　均
福島県における中世土器の様相
…………………中山雅弘
私市城出土の中世陶器について
…………………島村範久
八王子市八王子城跡出土の中世遺物……………………新藤康夫
北日本・浪岡城戦国城館の中世遺物………………………工藤清泰
◆神奈川考古　第24号　神奈川考古同人会　1988年4月　B5判200頁
相模野台地における石器群の変遷について……………諏訪間　順
相模野の細石器…………砂田佳弘
縄文文化の起源をめぐる問題
…………………白石浩之
縄文時代中期勝坂式・阿玉台式土器成立期におけるセツルメント・システムの分析…小林謙一
古墳時代後期土器の研究（2）
…………………長谷川　厚
奈良時代寺院成立の一端について
……国平健三・河野一也
関東地方における平安時代後半期の土器様相……………服部実喜
陜川三嘉古墳群の編年について
…………………藤井和夫
◆研究紀要　第4号　山梨県立考古博物館・山梨県埋蔵文化財センター　1988年3月　B5判 105頁
山梨県内出土縄文土器の底部圧痕について………………長沢宏昌
弥生時代終末における上の平遺跡の集落構造……………中山誠二
縄文時代の土壙について
…………………小林広和
◆転機　第2号　向坂鋼二刊　1988年2月　B5判　150頁
関東地方細石器文化小考
…………………西井幸雄
東海東部弥生土器の櫛描施文法について…………………向坂鋼二
浜北市堀切洞穴遺跡に関する覚書
…………………久野正博
瓜郷式土器の再検討……贄　元洋
遠江の横穴式石室………鈴木敏則
所謂「伊勢湾沿岸式板碑」について…………………野沢則幸
いわゆる「菊川式」と「飯田式」の再検討………………中嶋郁夫

◆古代文化　第40巻第4号　古代学協会　1988年4月　B5判 48頁
近年における朝鮮考古学研究が収めた成果……朝鮮民主主義人民共和国社会科学院考古学研究所
平安京高倉宮出土の縄文晩期深鉢と土偶…………………南　博史
◆古代文化　第40巻第5号　1988年5月　B5判　52頁
農耕化過程に関する土俗考古学的進化的モデル…………渡辺　仁
ハマグリの殻長推定に関する一試論………………………久保和士
◆古代文化　第40巻第6号　1988年6月　B5判　50頁
特輯『飛鳥・白鳳時代須恵器の諸問題』に寄せて………山田邦和
摂津の須恵器生産………木下　亘
美濃須衛窯の須恵器生産
…………………渡辺博人
鴟尾の生産と地域色……菱田哲郎
『前期難波宮』とその下層の須恵器
…………………内田好昭
新羅陶質土器研究の一視点
…………………宮川禎一
飛鳥・白鳳時代須恵器研究の展望
…………………山田邦和
◆考古学研究　第35巻第1号　考古学研究会　1988年6月　A5判122頁
国分台遺跡における石器製作の技術構造（上）…………絹川一徳
中国地方縄文時代の剥片石器
…………………竹広文明
古墳時代の親族構造について
…………………辻村純代
◆愛媛考古学　第10号　愛媛考古学協会　1988年3月　B5判 63頁
愛媛考古学の創始者・犬塚又兵と横地石太郎……………西田　栄
北四国地方の縄文土器集成（Ⅱ）
…………………長井数秋
宮前川遺跡出土の線刻文土器
…………………名本二六雄
松山市東方町における最近出土の土器と遺跡確認地……森　光晴
◆ソーシアル・リサーチ　第14号　ソーシアル・リサーチ研究会（愛媛県伊予三島市中之庄町582）1988年5月　B5判　48頁
戦国末期の戒能氏と大熊城
…………………山内　譲

装飾付須恵器にあらわれた人物・動物像…………………長井数秋
◆島根考古学会誌　第5集　島根考古学会　1988年5月　B5判116頁
山陰地方における前半期弥生文化の一考察……………磯田由紀子
出雲地方における古墳形成期の土器編年について………房宗寿雄
隠岐諸島における前方後円墳
……横田　登・永見　英
松本岩雄
山陰地方における弥生墳丘墓出土の玉材について
……三浦　清・渡辺貞幸
小丸山古墳発掘調査から
…………………木原　光
墳丘からみた小丸山古墳の年代
…………………曳野律夫
小丸山古墳とその年代
…………………渡辺貞幸
出土人骨よりみた山陰における横穴墓被葬者について
…………………高橋奈津子
◆九州考古学　第62号　九州考古学会　1988年1月　B5判 106頁
須恵器窯業生産の様相解明にヘラ記号が果たし得る役割の検討
…………………山田元樹
博多出土の素焼人形……山村信栄
朝鮮半島東南海岸島嶼地域における櫛目文土器時代の貝採集活動について………………富岡直人
弥生時代の墳墓出土赤色顔料
…………………本田光子
福岡市早良区所在の四箇船石について………………支石墓研究会
南島資料…………………三島　格
編み具の研究…………久保寿一郎
◆九州文化史研究所紀要　第33号　九州大学九州文化史研究施設　1988年3月　A5判　344頁
土器と集団（1）…………田崎博之
地下式板石積石室の基礎的研究
…………………西　健一郎
◆研究紀要　第2号　北九州市教育文化事業団埋蔵文化財調査室　1988年3月　B5判　54頁
高島式土器の終焉………前田義人
古墳時代後期における小規模谷地水田の再検討…………小方泰宏
吸水率と減水率…………佐藤浩司

■考古学界ニュース■

編集部編

九州地方

元寇の遺物300点　長崎県北松浦郡鷹島町の床浪港改修工事に伴い，荒木伸介平泉郷土館館長を団長とする調査団による海底遺跡範囲確認調査が行なわれ，元軍のものとみられる鉄刀，投石弾などの武器や陶磁器など約300点がみつかった。遺物は水深約5mの海底から発見されたもので，鉄刀，木製鞘，投石弾3点，青磁・白磁碗，石臼，唐壺など。ほかに人骨やイルカ，鯨などの骨もみつかった。現場は弘安4年（1281）に元軍4,400隻の大船団が暴風雨のために壊滅した場所とされており，昭和55年から3年間にわたって行なわれた調査では元軍の槍穂先や手砲弾，碇石など300点以上が引き上げられている。今回約20日間という短い調査で多くの遺物がみつかったことから今後の調査が注目されている。

巴形銅器の鋳型　佐賀県教育委員会が発掘調査を進めている同県神埼郡の神埼町鶴と三田川町田手にまたがる吉野ケ里遺跡群で，弥生時代後期の巴形銅器の鋳型がみつかった。弥生時代の巴形銅器は九州を中心に11遺跡から25点出土しているが，鋳型が発見されたのは全国でも初めて。鋳型は砂岩製で，集落の外側を囲む濠の中から弥生時代後期の土器と一緒にみつかった。長さ10.1cm，厚さ6.4cmで，復元すると直径約18cmの平面円形となり，全体の4分の1の破片とみられる。この鋳型から復元される製品は全径14.1cmで左に曲る脚が7個ついている。このほか直径5.3cmの円を2つ連ねたような浅い型を彫り込んだ異形青銅器の鋳型も発見された。この鋳型から製作されたと考えられる製品の出土例はない。

銅戈23本と銅鏡・貝輪　筑紫野市教育委員会が小郡・筑紫野ニュータウンの建設に伴って発掘を行なっている市内隈の隈・西小田地区遺跡で弥生時代中期末の銅戈23本がまとまって発見された。丘陵中腹の斜面から出土した銅戈は中細型で，すべて異なった鋳型を用いて製作されており，長さは32～37cm。1本を除いて刃を研ぎ出しておらず武器としての性格は薄い。この現場から東へ約250mの別の丘陵上から成人用の大型甕棺（長さ約2m）が発見された。弥生時代中期後半のもので銅戈とはほぼ同時期とみられ，中から人骨と前漢鏡（重圏照明鏡）1面，鉄剣，鉄戈が各1点と両腕にはめられた状態のゴホウラ製貝輪41点が副葬品として発見された。その後人骨を九大医学部で鑑定した結果，身長166cmくらいの30歳代の男性であることがわかった。また8点の貝輪をつけた人骨が入っていた別の甕棺には細型銅剣も納められていた。なお一帯の調査は5年ほど前から進められており，これまでに1,500基以上の甕棺が発見されている。

縄文後期の集落跡　福岡県嘉穂郡嘉穂町教育委員会がほ場整備事業に伴って発掘調査を進めていた同町千手のアミダ遺跡から，縄文時代後期後半（三万田式）の集落跡がそっくり発見された。同遺跡は遠賀川支流の千手川沿いの扇状地（標高約67m）にあり，調査面積は約4,000m²。集落は大きく東西に2分され，縄文時代後期後半の短期間に形成された単位集落であることがわかった。西側の集落は円形や楕円形の竪穴住居跡が広場を中心に直径約30mの環状に並び，屋外炉4基や集石遺構などが広場の周辺に点在していた。東側の集落にも円形竪穴住居跡1軒のほか屋外炉などの遺構がみつかった。また双方から土坑61基や西日本には例の少ない埋甕も11基発見されたが，うち1基は住居跡内の入口と思われる部分から発見され注目された。遺物には多数の打製石斧や魚を象ったと思われる石製垂飾品（長さ約4cm）や石皿，石匙，石棒，土偶片などがある。

拝塚古墳から円筒形人物埴輪　福岡市早良区重留の拝塚古墳（5世紀前半）で福岡市教育委員会による発掘調査が行なわれ，円墳とみられていた同墳は全長75m，前方部幅31mの前方部端外郭方形壇付設とよばれる特異な張り出し3ヵ所を伴った前方後円墳であることがわかった。周囲は幅7～9m，深さ0.75～1.3mの濠で囲まれている。また後円部と前方部をつなぐくびれ部分からは高さ63cm，直径20cmのコケシ型の埴輪が発見された。円筒形の胴体部に武人とみられる人物の首から上の部分をのせた形のもので，胸の部分にある縦と斜めの線刻は盾を表現し，背中にある同様の文様は靫を表わしているのではないかと考えられる。このほか，草摺，鞆，靫，家，囲形などの形象埴輪や円筒，壺形，朝顔形埴輪が約180点出土した。

輸入陶磁器や鉄滓　福岡市教育委員会が発掘を行なっていた福岡市西区徳永の徳永遺跡で9世紀前半の越州窯青磁や長沙窯水注など中国輸入陶磁器片が200点以上出土した。輸入陶磁器がこれほど大量に出土する遺跡は鴻臚館などと同様，国家的な付属施設である可能性が強いことや付近に残る地名「周船寺」（すせんじ）の存在から，大宰府の出先機関で船舶の修理や管理などを行なっていた主船司（しゅせんし）の遺跡でないかと推定されている。なかでも20個近い破片がみつかった長沙窯系黄褐釉水注は大宰府政庁跡からの出土例がある貴重なもの。さらに邢窯系白磁が出土したほか多量の鉄滓も発見された。遺構はまだ発見されていないが，船舶の修理に関連する鉄製品の工房があった可能性をうかがわせる。

中国地方

木釘の刺った木製人形　縄文時代から中世までの複合遺跡として知られている松江市西川津町のタテチョウ遺跡（島根県教育委員会調査）で女性を呪い殺すのに使ったとみられる木製の人形が発見された。この人形は縦 28.9 cm，横 5 cm の杉かヒノキの板の片面に女性とみられる人物が鮮明に墨書され，左胸に2ヵ所，右胸に1ヵ所ずつ木釘が打ち込まれた穴があいており，右胸の釘は折れながらも穴の中に一部残っていた。平安時代末～室町時代前半の木製品や陶器の擂鉢などと一緒に出土したもので，縦 17.5 cm，横 2.25 cm の別の人形も発見された。杉かヒノキの板を削り込んで頭や胴を表現したもので，こちらは無病息災の儀式に使われたらしい。

近畿地方

喪屋跡の柱穴　神戸市東灘区住吉東町5の住吉東古墳（帆立貝式）を発掘していた神戸市教育委員会は墳丘の下部盛土から遺体を埋葬前に安置した喪屋跡とみられる柱穴群を発見した。同古墳は全長24 m，円丘部径18m，造出し部6 m で，墳頂から50 cm の盛土を取り除いたところ，中心部に 4.3m×1.9m の木棺埋葬跡，その周囲の 6.4m×5.0mの範囲に喪屋跡とみられる計13個の柱穴（直径，深さともに 50 cm），その北側に目隠し塀跡と思われる5個の1列になった柱穴を発見した。この13個の柱穴は掘立柱式の建物跡で，埋葬跡を囲んでいることから古墳築造中に設けられた喪屋跡に間違いないとみられている。柱穴と同じ層からは玉などが出土，墳丘の周囲は約 120 本の埴輪をめぐらせていた。

前期難波宮の並び倉　大阪市教育委員会と同市文化財協会は国史跡・難波宮跡の西側に位置する大阪市立中央体育館敷地（大阪市東区法円坂町6）を発掘し，東西に3つ並んだ倉に屋根をかけて1棟とした前期難波宮（7世紀）の高床倉庫跡を発見した。この建物遺構は 8.1 m 間隔で東西に並び，1つの大きさは東西 10.8m，南北 8.1m で，柱穴は 2.7m の間隔をあけ東西5列，南北4列の20個が整然と並んでいた。これらのことから3つの建物は1つの屋根を持ち，間が吹き抜けになった1棟3倉の高床倉庫だったとみられる。古代に複数の倉を1棟とした形式のものは天平年間に建てられた正倉院と平安時代中期の法隆寺・綱封蔵しか現存しない。今回の倉庫跡はこれらの双倉を上回る規模で，2棟ならぬ3棟分が並ぶことから，「並び倉」と命名された。さらに柱穴からは長さ 1.1 cm，直径 0.9 cm の円筒形をなす金製装飾具も出土したが，これは倉庫の収蔵品とも考えられる。

古墳前期の草壁　豊中市北条町1—172の小曽根遺跡で豊中市教育委員会による発掘調査が行なわれ古墳時代前期の高床式住居の草壁の一部をほぼ完全な形で発見した。縦約 1.6m，横約 1.7m の一区画分の壁が地面に倒れた状態でみつかったもので，幅約 10 cm，長さ約 160 cm の角材や丸太を使った間柱5本と直径約 3 cm の木舞が約 20cm 間隔で横に組まれ，一面に厚さ約 5 cm のカヤが葺かれていた。当時カヤの厚みは 10 cm 以上あったものとみられている。この草壁は高床式住居の2階部分にあたり，北西方向に集落があることから，何らかの事情により廃棄されたらしい。草壁とみられるのはこれまで東大阪市西岩田遺跡などで出土しているが不完全で，今回のようにカヤがほとんど残っていたのは初めてであることから，奈良国立文化財研究所の協力で永久保存されることになった。

長屋王邸宅跡から木簡3万点　奈良国立文化財研究所が発掘調査を進めている奈良市二条大路南の長屋王（684～729）邸宅跡で約 40,000 m² にわたる広大な敷地の東端からみつかった幅3～3.4 m，長さ21 m の溝に木簡を含む木屑層が厚さ 30～40 cm でぎっしり堆積しているのが発見された。木簡の点数は最終的には3万点にも及ぶとみられ，しかも完形やそれに近い木簡の比率がかなり高い。和銅5年（712）から霊亀2年（716）までの年記があり，長屋王の29～33歳にあたる記録とみられる。木簡の中でも注目されるのは「長屋親王宮鮑大贄十編」で，資格がないはずの長屋王に親王の称号がついているのはきわめて異例。さらに妃の吉備内親王をさす「内親王御所」，その宮を示す「北宮」のほか，「司所」「御鞍所」「犬司」「馬司」「酒司」など 24 を超す邸内の役所や係があったことがわかった。また「牛乳持参人米七合五夕」のように当時の食生活を示すものや，「鶴二隻米□升」とツルが飼育されていたことを示す木簡もあった。今回の発見は量がぼう大であること，一括投棄のため書かれた場所や年代が明らかであること，内容が豊富であることなど木簡発掘史上画期的な発見となった。

平城京で広大な貴族邸跡　奈良市教育委員会が発掘調査を進めている奈良市法蓮町の奈良第三合同庁舎建設予定地で4町（約60,000 m²）もある広大な敷地をもった邸

■考古学界ニュース■

宅跡がみつかった。現場は平城京左京二条四坊にあたる所で，一条南大路と東三坊大路に面し，藤原不比等邸（現法華寺）とは約 600mしか離れていない。発掘が行なわれたのは南西部分の1町分だけだが，L字型の掘立柱の塀跡が北と東に続いており，4町を1つの敷地として使っていたらしい。平城京内の調査では左大臣長屋王の邸宅が4町の敷地を持つと確認されており，左大臣，右大臣クラスの高級貴族の邸宅跡とみられる。奈良時代の井戸跡から「粥所」と墨書された土器が出土したほか，平安時代の井戸跡からは鉄製の轡が完全な形でみつかった。馬銜(はみ)の両側にハート形の鏡板がついた「杏葉轡」とよばれるもの。

安土桃山時代の金箔の鯱や瓦　京都市埋蔵文化財研究所が発掘調査を行なった京都市上京区一条通室町西入ルの上京中学校敷地内から安土桃山時代の金箔の鯱片と鬼瓦など金箔瓦が大量に発見された。南北方向の幅約4m，深さ約3.5m の溝の中から並べたようにびっしり堆積していたもので，金箔の鯱は縦 18cm，横 10cm の小片だが一面に薄く金箔が残っていた。鬼瓦には丸の中に「上」の文字の紋をあしらったものがあり，桐の紋や唐草紋を刻んだ金箔の軒丸，軒平瓦が三百数十点みつかった。現場は豊臣秀吉が聚楽第の造営に伴い天正19年（1591）京都改造を試み，大名屋敷や武家屋敷が建てられたとされるところで，これらの瓦を飾っていたのは大名屋敷でも上位のものと推定される。

3～4世紀の方形墳丘墓　綾部市教育委員会が発掘調査を行なっていた綾部市青野町の青野西遺跡で弥生時代から古墳時代へわたる過渡期とみられる3～4世紀の方形墳丘墓1基が発見された。同遺跡は由良川左岸に近い平野部で，墳丘墓のほか弥生時代末から古墳時代初にかけての竪穴住居跡14軒と古墳時代後期の円墳1基などを検出している。墳丘墓は墳丘部が一辺20mの正方形で，幅約5～6m，深さ1～1.5mの周濠を伴うほか，北側に長さ 10m，幅 3～6m の突出区が確認された。陸橋部に近い溝の中から壺棺(長さ約 60cm)が出土したほか，弥生時代末～古墳時代初の土器が多数みつかった。この突出区は方形周溝墓の陸橋が中央に寄って発達したと考えられ，前方後方墳の発生を解明するうえで，重要な資料といえよう。

最古の前方後方墳？　守山市教育委員会が発掘調査している守山市吉身町の益須寺（やすでら）遺跡で3世紀後半の前方後方墳が発見された。墳丘の全長は24m，最大幅は後方部が13m，前方部が 9m。周囲に幅 3～1m，深さ 1.3～0.4m の溝を伴っているが，墳丘の盛り土は主体部ごとそっくり削りとられていた。現場は野洲川の左岸で，前方部付近から3世紀後半の土師器などが出土したほか，周溝を一部切り込んで古墳時代後期の土壙が検出されている。また古墳の約 100m 東からは古墳時代前期の方形周溝墓3基がみつかったが，中央部分に陸橋を残しており，溝の深さ，幅，墳丘との位置関係が前方後方墳と酷似していることから，方形周溝墓から古墳に発展する過程をたどれる貴重な遺跡とみられている。

――――――――――中部地方

5世紀中葉の耳飾　福井県遠敷郡上中町の堤，下吉田にまたがる向山古墳では昭和62年から上中町教育委員会と福井県若狭歴史民俗資料館が発掘調査を進めているが先ごろ5世紀中葉ごろの耳飾1個がほぼ完全な形で発見された。長さ 11.1cm の朝鮮半島製の金製垂飾付耳飾とよばれるもので，石室奥の短甲内部の床面から発見された。3個の空玉を2本の兵庫鎖でつなぎ，その下に宝珠形の垂飾を連結している。耳環はすでになくなっていた。向山古墳は全長48.6mの前方後円墳で，後円部に本州では最古とみられる横穴式石室を持ち，前方部には武器埋納壙を備えていた。耳飾は追葬時に奥壁沿いに片づけられた副葬品の一部で，少なくとも2回の埋葬が行なわれたようだ。

人物埴輪など多数　昨年夏，小松市矢田野町の住宅造成地で発見された矢田野エジリ古墳で小松市教育委員会による発掘調査が行なわれ，6世紀前半の人物埴輪を含む埴輪の破片約10,000点が発見された。同墳は東西を主軸にした墳長約30mの前方後円墳で，前方部および後円部の幅約18m，周溝の幅2～3mで，全国的にも珍しい鈴台付高坏が出土し注目されていた。埴輪は前方部の周溝から墳丘より押し流された格好でみつかったもので，5体分の顔面の破片や手・足の部分のほか，飾り馬の破片などもみつかった。破片が密集して発見されたことからかなりの数の復元が可能とみられている。またこれらの埴輪は南東に約 2.5km 離れた同市二ツ梨町の豆岡山窯跡で焼かれた可能性が強い。
（小松市教育委員会埋蔵文化財調査室）

縄文中期の配石墓　伊東市教育委員会が発掘調査を進めている同市宇佐美の宇佐美遺跡で，縄文時代中期後半の地層から骨片と大きな立石を伴う配石遺構が発見されたことから墓跡でないかとみられている。配石墓とみられる遺構は河原石が東西方向に長い楕円状（約 180cm×70cm）に配列されたもので，西端に長さ 110cm，やや傾いてはいるものの立石状の大礫が検出されている。内部から骨片が出土したが人骨の可能性が強い。またこれより先に発見された同時期の配石遺構は直径約2.5mで，環状に河原石が並び，中央に「コ」の字状に河原石3個が配され，一角から石棒が斜めに立っていた。中央の石の一つにはその両端に直線が十数本それぞれ刻まれていた。そのほかカップ型把手付土器を含む土器片約200点も出土した。

関東地方

弥生後期の小銅鐸　千葉県君津郡袖ヶ浦町野里の県道改良事業に伴う文脇遺跡の発掘調査が千葉県文化財センターによって行なわれ弥生時代後期の小銅鐸が発見された。全長2.3m，幅0.9mの土坑からガラス小玉6点，鉄製品1点，土製品1点とともに出土したもので，全長10.8cm，幅5.7cm。舞孔が3つある，型持孔が裏表にある，銅鐸内側の下から5mmの位置に凸帯がある，使用痕が認められる——などの特徴をもつ。県内では銅鐸の発見は市原市内で3例あり，今回は4例目。なお同遺跡からは弥生時代後期33軒，奈良時代3軒，中世1軒の住居跡が発見されたほか，弥生～近世の土坑21基，溝16条などがみつかった。

一町四方の方形曲輪　茨城県つくば市小泉の小泉館跡でつくば市教育委員会筑波地区教育事務所が組織した小泉館跡発掘調査会による発掘調査が行なわれ，14～15世紀につくられた館跡であることがわかった。遺構はほぼ中央の一町(約110m)四方の方形曲輪を中心に，東側に三重の堀を巡らしており，広さは東西約230m，南北約170m。中央部の曲輪は東西107m，南北約120mで，この中央付近で多数の柱穴が確認され，一部は曲屋形式の建物としてとらえられる。遺物は多量の土器類のほかに底に「二」字のある漆器や下駄など生活用品も多くみつかった。小泉館跡は中世に常陸国南部に勢力をもった小田氏第12代小田治孝の弟，北条（小泉）五郎顕家の館跡との伝承がある。

住居跡から巴形銅器　宮平遺跡発掘調査会（会長・志田諄一茨城キリスト教大学長）が発掘調査を進めている石岡市染谷の宮平遺跡で古墳時代後期と推定される方形プランの住居跡の床面から巴形銅器1点が発見された。宮平遺跡は縄文時代から奈良時代に至る複合遺跡で，これまで縄文時代11軒，弥生時代1軒，古墳時代7軒，奈良時代2軒の住居跡と土坑84基，石組炉・石囲炉8基，鉄製錬炉1基などが出土した。とくに巴形銅器が住居跡から出土したのは珍しく，五脚のうち1本が欠けている以外はほぼ原形を保っている。長さ約5cm，重さ14g。また製鉄用の方形炉跡は幅30cm，長さ1mの長方形で，7世紀末の時期と推測される。

東北地方

古墳後期の竪穴住居跡　大正時代からその名が知られている鶴岡市矢馳の助作（すけづくり）遺跡で山形県教育委員会による発掘調査が行なわれ，古墳時代後期の集落跡が発見された。今回国道7号線バイパス建設工事に伴い，東西100m，南北30mを緊急調査した結果，竪穴住居跡5軒を検出，うち1軒にはカマドの跡も確認された。また数基の土壙や溝跡，それに中央部を縦断するように大きな溝跡が発見されたほか，幅40cmほどの畑の畔跡らしいものもみつかった。さらに土師器や須恵器が整理箱で30箱分ほど出土した。

稲荷森古墳から土師器　文化庁の国宝重要文化財等保存整備補助事業として南陽市教育委員会が調査を行なっている南陽市長岡の国指定史跡・稲荷森古墳で，4世紀後半と思われる土師器片が発見された。同古墳は全長96mの前方後円墳で，前方部幅32m，後円部径62m，山形県で最大，日本海側で最北の大型前方後円墳。土師器がみつかったのは後円部後方の墳麓部外側で，約50点ほどがまとまって出土した。これまで同古墳は5世紀の築造とされていただけに土師器の発見でもう少し年代がさかのぼる可能性もある。

北海道地方

縄文の木製腕輪と石偶　北海道余市町教育委員会が発掘調査を行なっていた余市町沢町の沢町遺跡(通称・石=かねいし遺跡)で縄文時代晩期の墓坑から朱漆が塗られた木製の腕輪1組と，黒曜石製の石偶が発見された。腕輪がみつかったのは200cm×90cmの楕円形の墓の中央で，いずれも直径9cmの大きさで横に並んでみつかった。この墓からは頸飾に使ったとみられるヒスイの玉も10点みつかった。また同遺跡からは黒曜石製の人を象った石偶3点が発見されたが，うち縦3.5cm，横2.5cmの2点は別の墓の中から出土した。

学　界

小江慶雄氏（元京都教育大学長，同大学名誉教授）11月7日，急性心不全のため京都市東山区の自宅で死去された。77歳。氏は明治44年滋賀県生まれ。九州帝国大学法文学部国史科卒業。京都教育大学教授をへて同大学長。水中考古学の草分け的存在で，とくに郷里琵琶湖の葛籠尾湖底遺跡の研究に力をつくした。また昭和47年にはクルナ水没アッシリア文化財調査団にも参加した。著書に『琵琶湖底先史土器序説』『水中考古学研究』『海の考古学』などがある。

■第27号予告■

特集　青銅器の生産と流通

1989 年 4 月 25 日発売
総 112 頁　1,800 円

編集室より

◆大河ドラマの「武田信玄」が終わろうとしている。年末を感じさせる終盤の段階である。しかしこの中世と近世にかかる戦国時代は，武田信玄のように国取大名が全国制覇を狙って上洛を志した時代であった。また文化も鉄砲伝来，切支丹の渡来など大きく変化した。そこで本特集ではこの物質文化を中心にその変化を捉えようとした。まず問題点を考究し，さらに具体的事象を通して文献史学で把握できない世界を明らかにした。歴史考古学の成果である。本号によって歴史像が広く深くなるであろう自信がある。もうすぐ新年，心からおめでとうを申し上げて置きたい。　（芳賀）

◆戦国の世はまさに大きな変革の時代であった。中世から近世へ，大きく変わるこの動乱の世に生きた人々の足跡を求めて，調査研究された多大な成果がこの特集に結実した。戦国時代の発掘も近年さまざまな角度から盛んに実施されるようになり，考古学，文献史学，歴史地理学あるいは城郭史などの研究者を結集した戦国城下町のシンポジウムも開催されている。戦国時代の遺構，とりわけ城館跡はわれわれが住んでいる身近かな場所にも存在しており今後少しでも多くの人がこうした遺跡に注目されることを望みたい。　（宮島）

本号の編集協力者――坂詰秀一（立正大学教授）

1936 年東京都生まれ，立正大学大学院修士課程修了。『歴史考古学の構想と展開』『歴史考古学研究 I II』『日本の古代遺跡―東京23区』(単著)，『板碑の総合研究』2 巻(編著)，『日本考古学選集』25巻，『日本歴史考古学を学ぶ』3 巻(共編著)などがある。

■本号の表紙■

大阪城京橋口外で発見された豊臣氏築造の三の丸石垣跡

天守閣の約 500m 北西にあり，京橋南詰にあたる。1984年，追手門学院の校舎建設に伴い調査が行なわれた。現地表下4.5mから石垣が出土，残存高さは 3～5 段で1.2～3m。延長は48m。根石から 2 段目が約 15cm ほど控えているのが特徴で，傾斜角は55～60度，自然石の野面積みで，石材は生駒山，六甲山の花崗岩に砂岩系の石も混じる。石には墨書（△・⊙など）が残る。石垣破却後に焼かれているので，冬の陣の講和後に破壊され，夏の陣で焼けたと推定される。石垣の一部は積み直して校舎地下に保存されている。（写真は大阪市文化財協会提供）
（長山雅一）

▶本誌直接購読のご案内◀

『季刊考古学は』一般書店の店頭で販売しております。なるべくお近くの書店で予約購読なさることをおすすめしますが，とくに手に入りにくいときには当社へ直接お申し込み下さい。その場合，1年分の代金（4冊，送料は当社負担）を郵便振替（東京 3-1685）または現金書留にて，住所，氏名および『季刊考古学』第何号より第何号までと明記の上当社営業部までご送金下さい。

季刊 考古学　第26号　1989年2月1日発行
ARCHAEOLOGY QUARTERLY　定価 1,800 円
編集人　芳賀章内
発行人　長坂一雄
印刷所　新日本印刷株式会社
発行所　雄山閣出版株式会社
〒102　東京都千代田区富士見 2-6-9
電話　03-262-3231　振替　東京 3-1685
（1988年1月より1年半の間は次の住所です。〒162　東京都新宿区白銀町20）
ISBN 4-639-00794-9　printed in Japan

季刊 考古学 オンデマンド版 第26号
ARCHAEOROGY QUARTERLY

1989年2月1日 初版発行
2018年6月10日 オンデマンド版発行
定価（本体2,400円＋税）

編集人 芳賀章内
発行人 宮田哲男
印刷所 石川特殊特急製本株式会社
発行所 株式会社 雄山閣 http://www.yuzankaku.co.jp
〒102-0071 東京都千代田区富士見2-6-9
電話 03-3262-3231 FAX 03-3262-6938 振替 00130-5-1685

◆本誌記事の無断転載は固くおことわりします ISBN 978-4-639-13026-0 Printed in Japan

初期バックナンバー、待望の復刻!!

季刊 考古学 OD　創刊号～第 50 号〈第一期〉

全 50 冊セット定価（本体 120,000 円＋税）　セット ISBN：978-4-639-10532-9

各巻分売可　各巻定価（本体 2,400 円＋税）

号数	刊行年	特集名	編者	ISBN（978-4-639-)
創刊号	1982 年 10 月	縄文人は何を食べたか	渡辺 誠	13001-7
第 2 号	1983 年 1 月	神々と仏を考古学する	坂詰 秀一	13002-4
第 3 号	1983 年 4 月	古墳の謎を解剖する	大塚 初重	13003-1
第 4 号	1983 年 7 月	日本旧石器人の生活と技術	加藤 晋平	13004-8
第 5 号	1983 年 10 月	装身の考古学	町田 章・春成秀爾	13005-5
第 6 号	1984 年 1 月	邪馬台国を考古学する	西谷 正	13006-2
第 7 号	1984 年 4 月	縄文人のムラとくらし	林 謙作	13007-9
第 8 号	1984 年 7 月	古代日本の鉄を科学する	佐々木 稔	13008-6
第 9 号	1984 年 10 月	墳墓の形態とその思想	坂詰 秀一	13009-3
第 10 号	1985 年 1 月	古墳の編年を総括する	石野 博信	13010-9
第 11 号	1985 年 4 月	動物の骨が語る世界	金子 浩昌	13011-6
第 12 号	1985 年 7 月	縄文時代のものと文化の交流	戸沢 充則	13012-3
第 13 号	1985 年 10 月	江戸時代を掘る	加藤 晋平・古泉 弘	13013-0
第 14 号	1986 年 1 月	弥生人は何を食べたか	甲元 真之	13014-7
第 15 号	1986 年 4 月	日本海をめぐる環境と考古学	安田 喜憲	13015-4
第 16 号	1986 年 7 月	古墳時代の社会と変革	岩崎 卓也	13016-1
第 17 号	1986 年 10 月	縄文土器の編年	小林 達雄	13017-8
第 18 号	1987 年 1 月	考古学と出土文字	坂詰 秀一	13018-5
第 19 号	1987 年 4 月	弥生土器は語る	工楽 善通	13019-2
第 20 号	1987 年 7 月	埴輪をめぐる古墳社会	水野 正好	13020-8
第 21 号	1987 年 10 月	縄文文化の地域性	林 謙作	13021-5
第 22 号	1988 年 1 月	古代の都城―飛鳥から平安京まで	町田 章	13022-2
第 23 号	1988 年 4 月	縄文と弥生を比較する	乙益 重隆	13023-9
第 24 号	1988 年 7 月	土器からよむ古墳社会	中村 浩・望月幹夫	13024-6
第 25 号	1988 年 10 月	縄文・弥生の漁撈文化	渡辺 誠	13025-3
第 26 号	1989 年 1 月	戦国考古学のイメージ	坂詰 秀一	13026-0
第 27 号	1989 年 4 月	青銅器と弥生社会	西谷 正	13027-7
第 28 号	1989 年 7 月	古墳には何が副葬されたか	泉森 皎	13028-4
第 29 号	1989 年 10 月	旧石器時代の東アジアと日本	加藤 晋平	13029-1
第 30 号	1990 年 1 月	縄文土偶の世界	小林 達雄	13030-7
第 31 号	1990 年 4 月	環濠集落とクニのおこり	原口 正三	13031-4
第 32 号	1990 年 7 月	古代の住居―縄文から古墳へ	宮本 長二郎・工楽 善通	13032-1
第 33 号	1990 年 10 月	古墳時代の日本と中国・朝鮮	岩崎 卓也・中山 清隆	13033-8
第 34 号	1991 年 1 月	古代仏教の考古学	坂詰 秀一・森 郁夫	13034-5
第 35 号	1991 年 4 月	石器と人類の歴史	戸沢 充則	13035-2
第 36 号	1991 年 7 月	古代の豪族居館	小笠原 好彦・阿部 義平	13036-9
第 37 号	1991 年 10 月	稲作農耕と弥生文化	工楽 善通	13037-6
第 38 号	1992 年 1 月	アジアのなかの縄文文化	西谷 正・木村 幾多郎	13038-3
第 39 号	1992 年 4 月	中世を考古学する	坂詰 秀一	13039-0
第 40 号	1992 年 7 月	古墳の形の謎を解く	石野 博信	13040-6
第 41 号	1992 年 10 月	貝塚が語る縄文文化	岡村 道雄	13041-3
第 42 号	1993 年 1 月	須恵器の編年とその時代	中村 浩	13042-0
第 43 号	1993 年 4 月	鏡の語る古代史	高倉 洋彰・車崎 正彦	13043-7
第 44 号	1993 年 7 月	縄文時代の家と集落	小林 達雄	13044-4
第 45 号	1993 年 10 月	横穴式石室の世界	河上 邦彦	13045-1
第 46 号	1994 年 1 月	古代の道と考古学	木下 良・坂詰 秀一	13046-8
第 47 号	1994 年 4 月	先史時代の木工文化	工楽 善通・黒崎 直	13047-5
第 48 号	1994 年 7 月	縄文社会と土器	小林 達雄	13048-2
第 49 号	1994 年 10 月	平安京跡発掘	江谷 寛・坂詰 秀一	13049-9
第 50 号	1995 年 1 月	縄文時代の新展開	渡辺 誠	13050-5

※「季刊 考古学 OD」は初版を底本とし、広告頁のみを除いてその他は原本そのままに復刻しております。初版との内容の差違はございません。

「季刊 考古学　OD」は全国の一般書店にて販売しております。なるべくお近くの書店でご注文なさることをおすすめしますが、とくに手に入りにくいときには当社へ直接お申込みください。